Henri Le Saux
Swami Abhishiktananda

Das Geheimnis des heiligen Berges

Henri Le Saux

Swami Abhishiktananda

Das Geheimnis des heiligen Berges

Als christlicher Mönch unter den Weisen Indiens

Aus dem Französischen von
Matthias Vereno

Mit einer Einleitung von
Odette Baumer-Despeigne und Bettina Bäumer
und einem Nachwort
des Übersetzers

Herder
Freiburg · Basel · Wien

Titel der französischen Ausgabe:
Abhishiktananda, Souvenirs d'Arunachala
Recit d'un eremite chretien en terre héndoue, Paris 1978
© Desclée De Brouwer, Paris

© Verlag Herder Freiburg im Breisgau 1989
Herstellung: Freiburger Graphische Betriebe 1989
ISBN 3-451-21389-3

Arunāchala, du entwurzelst das Ego derer,
die im Grunde ihres Herzens über dich meditieren.

Ramana Maharshi

Nun lebe nicht mehr ich,
sondern Christus lebt in mir.

Gal 2, 20

Inhalt

Bei Personennamen und geographischen Bezeichnungen (Namen von Orten, Ländern, Flüssen, Bergen) folgen wir der üblichen und am ehesten bekannten Schreibweise. Indische Begriffe und Sachbezeichnungen werden meist beim ersten Vorkommen *kursiv* gesetzt. In diesem Falle wird die für das Sanskrit eingeführte wissenschaftliche Transkription verwendet – wie auch im Glossar. Ansonsten wird eine unserem Gebrauch nähere Schreibweise verwendet; so steht dann ch für das deutsche tsch – welcher Laut in wissenschaftlicher Transkribierung mit *c* wiedergegeben wird –, sh steht für die dem deutschen sch verwandten Laute *ś* und *ṣ*; doch werden auch hier, um die Aussprache zu erleichtern, die langen Vokale bezeichnet (e und o sind immer lang). Auch hier werden freilich Ausnahmen gemacht, wo eine andere Schreibweise allzu eingebürgert ist, d. h., *śrī* wird Srī geschrieben (und nicht Shrī), *svāmī* wird Swāmī (nicht Svāmī) geschrieben. In tamilischem Gebrauch werden Sanskrit-Wörter oft zum Neutrum (Endung auf -m). Bei Tamil-Worten mußte man sich mit einer ungefähren Wiedergabe begnügen.

Einleitung*

Als der französische Benediktiner Henri Le Saux (geb. 1910) in den Mauern seines Klosters St. Anne de Kergonan an der atlantischen Küste der Bretagne den unwiderstehlichen inneren Ruf verspürte, sein Leben Indien zu weihen, konnte er nicht ahnen, welch weitreichende Folgen dieser Schritt haben würde. Im Jahr 1948 erhielt er die Exklaustration, und mit dem Segen seines Abtes schiffte er sich nach Indien ein. Er betrat indischen Boden genau ein Jahr, nachdem Indien die Kolonialmacht abgeschüttelt hatte und ein unabhängiger Staat geworden war – und er sollte das Land, in dem er sich inkarnieren wollte, nie wieder verlassen. Sein unmittelbares Ziel war klar: Er sollte sich Abbé Jules Monchanin anschließen in dem Versuch, einen christlichen Ashram zu gründen, in dem das monastische Ideal in den äußeren Formen der Einfachheit des Lebens wie in der inneren Bereicherung durch hinduistische Geistigkeit sich der indischen Umgebung einfügen würde. 1950 gründeten die beiden Priester den Saccidānanda Ashram von Shantivanam bei Kulitalai in Südindien (in einer anderen Form weitergeführt von P. Bede Griffiths OSB).

Der traditionsgebundene Hinduismus Tamil Nadus bildete den Hintergrund für diesen Integrationsversuch christlichen

---

* Dies ist im wesentlichen die Einleitung der französischen Ausgabe. Änderungen und Hinzufügungen ergaben sich einerseits aus dem zeitlichen Abstand, andrerseits aus den besonderen Bedingungen dieser deutschen Ausgabe. Für eine Einführung in Leben und Werk von Henri Le Saux, siehe: B. Bäumer, Henri Le Saux – „Abhishiktananda", in: *Große Mystiker*, hrsg. von G. Ruhbach und J. Sudbrack, München 1984, 338–354.

Glaubens in indischer Kultur, doch war seit der ersten Begegnung von Henri Le Saux (nun mit indischem Namen Swami Abhishiktananda) mit dem Weisen Sri Ramana Maharshi von Arunāchala die Radikalität dieser Begegnung vorgezeichnet. Es ging nicht um eine romantische „Inkulturation" (ein Begriff, der erst mit dem II. Vatikanum aktuell werden sollte), noch um eine raffiniert verkleidete Methode der Missionierung, vielmehr um eine echte innere Begegnung zwischen christlicher und hinduistischer Spiritualität, eine Begegnung, deren Ergebnis nicht absehbar war. Trotz seiner großen intellektuellen und spirituellen Begabung ließ sich Abbé Monchanin nicht mit der letzten Offenheit auf die „andere" Erfahrung ein wie sein Gefährte es tat, und er fürchtete, daß dessen Eintauchen in die indische Erfahrung seine Treue zur Kirche und zur gemeinsamen Aufgabe der Gründung gefährden würde. Dieser Unterschied schuf eine gewisse Spannung zwischen den beiden Gefährten, deren Ideale sich sonst so nahe waren. Doch nichts konnte Swami Abhishiktananda von dem einmal geschauten Weg abhalten, er mußte seiner inneren Erfahrung unbedingt treu bleiben. Im Jahr 1957 starb Abbé Monchanin in Paris, und Abhishiktananda wurde zum Pilger zwischen dem Süden und dem Norden Indiens. Nach einigen Fehlschlägen in Shantivanam und nachdem er eingesehen hatte, daß die Gründung eines christlichen Ashrams nicht seine Aufgabe war, wurde er zum Einsiedler im Himalaya. Sein Alleinsein gab ihm größere Flexibilität in der Begegnung mit Hindus, aber auch mit Christen aller Konfessionen. Er machte keine Kompromisse, was die Strenge des Lebens eines Sannyāsī betrifft, und die Schlichtheit und Radikalität seines Lebens verlieh seinen Ideen Gewicht und Authentizität.

Als das II. Vatikanische Konzil zu Ende war, erwies sich, wie prophetisch seine Ideen und seine Lebensweise waren, sowohl was den Dialog mit anderen Religionen betrifft, die Inkulturation des Christentums in außereuropäischen Ländern, als auch hinsichtlich Liturgie, Spiritualität und der Rückkehr zu den christlichen Quellen. Nach langen Jahren des Mißverstandenseins wurde Abhishiktananda beim Seminar der Kirche Indiens 1969 in Bangalore plötzlich zum Pionier einer zukünftigen, wahrhaft indischen Kirche. Auch wenn sich die damals erweckte Hoffnung auf eine geistige Erneuerung (noch) nicht erfüllt hat, so bleibt seine Gestalt und seine Erfahrung doch ein Zeichen für eine Kirche, die trotz mancher Erstarrungen geistig immer noch in Geburtswehen liegt.

Als Swami Abhishiktananda im Alter von nur 63 Jahren 1973 starb, schien sein Leben äußerlich gesehen ein Versagen – darin nicht unähnlich dem Leben eines Charles de Foucauld: Er hinterließ keine Gründung, keinen Ashram, seine wenigen engen Schüler sind heute nicht mehr am Leben. Symbolisch ist auch, daß sogar die Hütte, in der er in Uttarkashi im Himalaya gelebt hatte, bei der großen Überschwemmung des Ganges im Jahr 1978 weggerissen wurde. Nur seine Bücher legen Zeugnis ab von seinen Ideen und Erfahrungen, und eine Gruppe von Freunden hat es sich zur Aufgabe gemacht, seine unveröffentlichten Schriften zu publizieren und seine Ideale weiterzuführen. [1]

Swami Abhishiktananda war nicht einer der „Spezialisten" des Dialogs, die mit dem Flugzeug von einem Kontinent zum anderen fliegen, um interreligiöse Konferenzen zu besuchen. Für ihn geschah der wahre Dialog zuerst im eigenen Fleisch und Herzen, und dann mit allen Menschen, denen er unterwegs begegnete, mit denen er sein einfaches Leben teilte – mit den Armen und Einfachen, mit Sadhus, Pilgern und Priestern. Selbst im Gespräch mit Intellektuellen glaubte er mehr an die Wirksamkeit des Schweigens als Medium der inneren Kommunikation. Er widersetzte sich auch allen Versuchen, ihn zum „Guru" zu „machen", weil ihm jeder Persönlichkeitskult fernlag – und trotzdem war er wenigen Schülern ein echter Guru, der sie zur inneren Erfahrung hinführte.

Etwas Erstaunliches geschah die letzten fünfzehn Jahre nach seinem Tod: Abhishiktananda wurde für viele Suchende inner-

---

[1] Die „Abhishiktananda Society" mit Sitz in Delhi (Adresse: Brotherhood House, 7 Court Lane, Delhi 110054). Sie bringt zur Zeit eine Biographie von Abhishiktananda anhand seiner Briefe heraus.

halb und außerhalb der Kirche zum Symbol für eine gelebte Integration östlicher und westlicher Spiritualität. Menschen, die der Kirche fernstanden oder die in ihrer spirituellen Suche enttäuscht wurden, finden in seiner Erfahrung, in seinem Weg eine neue Möglichkeit, den Kern des Christentums mit östlichen Methoden des Gebets, der Meditation zu vereinen. Christen, die sich nach einer Vertiefung ihres Glaubens sehnen und die an der Oberflächlichkeit der Institution leiden, finden eine Bereicherung in der Begegnung mit Einsichten des Hinduismus oder Buddhismus. Allmählich wird die Größe seiner Gestalt sichtbar: die absolute Ehrlichkeit seiner inneren Erfahrung; seine kompromißlose Treue zu Christus, zur tiefsten Dimension des Christentums wie des Hinduismus; seine Bereitschaft, alles Vorläufige, Bedingte, vom Menschen Gemachte im religiösen Bereich zu übersteigen; und zuletzt die gnadenhafte Überwindung der „Dualität", die Integration der „beiden" Erfahrungen in einer Erleuchtung, die alles überstrahlt. Diese seine Erfahrung bleibt zeichenhaft und wegweisend in einer Welt, die auf der einen Seite Fundamentalismen aller Art hervorbringt, und in der auf der anderen Seite Synkretismen und pseudomystische Phänomene blühen. Die Echtheit der Erfahrung dieses Mönches und Sannyāsī kann für viele, die in diesem religiösen Dschungel nach Orientierung suchen, zum Maßstab der Unterscheidung werden.

Der hier veröffentlichte Text war ursprünglich der zweite Teil eines Manuskriptes mit dem Titel „Geheimnisse Indiens" *(Secrets de l'Inde)*[2]. Die Niederschrift begann sogleich nach den berichteten Ereignissen 1956. Der Verfasser erzählt sein Leben als Einsiedler in den Höhlen von Arunāchala, dem heiligen Berg im Süden Indiens; er berichtet von zahlreichen mensch-

---

[2] Der erste Teil erschien unter dem Titel *Gnânânanda* (Paris 1970); deutsch: *Das Feuer der Weisheit* (München 1978). Darin berichtet P. Henri Le Saux (unter einem Pseudonym) von seinem Aufenthalt bei diesem Weisen in den Jahren 1955 und 1956 und von der Belehrung, die er dort empfing.

lichen Begegnungen, vor allem aber von der einen, die sein ganzes Leben zutiefst beeinflussen sollte: mit Srī Ramana Maharshi. Dieser reine Vedāntin, wenn man ihn so nennen will, in dem sich die höchste Hindu-Geistigkeit inkarnierte, war 1879 in der Nähe von Madurai geboren und verbrachte sein Leben seit dem 17. Jahr zu Füßen des Berges Arunāchala. Er schied aus dieser Welt am 14. April 1950[3].

Unmittelbar nach Ankunft im Ashram Ramana Maharshis im Januar 1949 notierte P. Le Saux in seinem „Tagebuch"[4] das Ziel des Besuches: „Ich betrachte den Aufenthalt in Tiruvannāmalai als eine wirkliche Einkehrzeit und auch als Einweihung in das monastische Leben Indiens."

Während seiner Aufenthalte in den Höhlen von Arunāchala und dann bei Srī Gnānānanda in Tirukoyilur entdecke P. Le Saux – den man hinfort in Indien als Swāmī Abhishiktānanda kennen wird – die „Geheimnisse Indiens". Von diesen sagt er in der ersten Version seines Einführungstextes zu dem Buch über Srī Gnānānanda:

„Indien schenkt sich nur denen, die bereit sind zu verweilen, die lange und demütig ihr Ohr geneigt haben, dem Schlagen seines Herzens zu lauschen; denen, die schon weit genug in sich selbst eingedrungen sind, bis auf den Grund, um dort, im Geheimsten ihres Herzens, das Geheimnis zu vernehmen, das Indien ihnen unermüdlich zuraunt in unaussprechlichem Schweigen. Denn das Schweigen ist die höchste Sprache, in der Indien sich offenbart ... und seine wesentliche Botschaft kündet, seine Botschaft der Innerlichkeit, Botschaft aus dem Innen."

Die Aufenthalte Abhishiktānandas am Fuß von Arunāchala und in verschiedenen Höhlen fallen in die Zeit von 1949 bis 1955. 1952 war er fünf Monate in dieser Gegend, 1953 die Fastenzeit und den Advent. In den anderen Jahren waren die Aufenthalte kürzer.

---

[3] Über Srī Ramana handelt auch ein Kapitel des Buches *Indische Weisheit – Christliche Mystik* (Luzern 1968).
[4] *La montée au fond du cœur* (Paris 1986).

Damals war sein ständiger Wohnsitz der Ashram von Shān-tivanam, den er gemeinsam mit P. Jules Monchanin in Kulitta-lai, im Distrikt Tiruchirappalli, gegründet hatte als „Versuch einer christlichen Integration der monastischen Tradition Indiens" – so der Untertitel des Buches, das sie gemeinsam veröffentlichten: *Die Eremiten von Saccidānanda*[5].

Arunāchala, einer der heiligsten Berge Indiens, wird mit Shiva, dem Höchsten Herrn, identifiziert; er überragt die Stadt Tiruvannāmalai in Tamil Nadu[6]; sein kahler Kegel aus Vulkangestein erhebt sich zu einer Höhe von fast 1000 m. (Vgl. die mythologische Erzählung auf S. 71 f.)

Ein Rahmen, erhaben und streng, groß und weit. Hier stieg aus der Tiefe seines innersten Wesens die Erfahrung der Nicht-Zweiheit auf; und aus dieser Anfangszeit stammen alle großen Intuitionen, die Abhishiktānanda später entfaltet hat, oder vielmehr „die einzige Intuition, die alle Begriffe übersteigt". „Das war eine echte Offenbarung", wird er später schreiben und hinzufügen: „Ich mag den Ganges noch so sehr lieben – der Süden, Arunāchala, ist für mich Ort der Geburt."

Eine Ahnung von dieser „Geburt" gibt uns, was er für Marc Chaduc[7] niederschrieb: „Wer dieses blendende Licht empfängt, ist erstarrt, zerrissen, er kann nicht mehr sprechen, nicht mehr denken, er ist Zeit und Raum entrückt, allein in der Alleinheit des Einen; eine irrsinnige Erfahrung, dieser plötzliche Einbruch der unendlichen Feuer- und Licht-Säule Arunāchalas."

So war sein Sich-Zurückziehen in die Höhlen des heiligen Berges jeweils gleichermaßen Zeit des „Eintauchens" in die Hindu-Spiritualität und Zeit der existentiellen Vertiefung sei-

---

[5] Deutsch, Salzburg 1962. Nach P. Le Saux' Weggang und P. Monchanins Tod (1957) ist nunmehr P. Bede Griffiths OSB als Swāmī Dayānanda Vorsteher *(ācārya)* des Ashram. Von diesem ist jetzt erschienen: *Die Hochzeit von Ost und West*, Salzburg 1984.

[6] ca. 150 km südwestlich Madras.

[7] Dieser war Swāmī Abhishiktānanda am 22. Oktober 1971 begegnet; er wurde sein Schüler, am 10. Juli 1973 aus der Schülerschaft entlassen. 1977 ging er in die Einsamkeit, seitdem wurde er nicht wieder gesehen.

ner Einung mit Christus, der sein *Sad Guru,* sein göttlicher Meister, war und bis zuletzt bleiben sollte.

Abhishiktānanda sandte der Herausgeberin das Manuskript von „Arunāchala" im November 1970 mit der Bemerkung:

„Diesen Sommer haben meine Kräfte sehr nachgelassen, und so bin ich diese Arbeit schnell durchgegangen, und ich schicke sie Ihnen für alle Fälle. Wenn ich von meiner ‚Wache' abgerufen werde ..., geben Sie sie heraus, wie es Ihnen gut scheint ..."

Trotz der Erlaubnis (gegebenenfalls ganze Seiten neu zu schreiben) hat man das Original im wesentlichen unverändert gelassen und nur geringe Änderungen dort vorgenommen, wo dies zur Erleichterung des Verständnisses dienlich schien – oder durch Erfordernisse der deutschen Sprache sich ergab. Die Anmerkungen (die auch im Original nicht vom Verfasser stammten) sind in der deutschen Ausgabe reduziert. Dafür wurde das Glossar erweitert, so daß für viele Wörter auf eine Erklärung im Text verzichtet werden konnte.

Neben dem „Geistlichen Tagebuch" hat Abhishiktānanda danach noch ein anderes, gleichfalls unveröffentlichtes Manuskript verfaßt: *Guhāntara* („In der Grotte des Herzens") – philosophische und theologische Reflexionen über die tiefe spirituelle Erfahrung, die ihm in Arunāchala geschenkt wurde und die P. Monchanin einen „geistlichen Essay, aus dem Schweigen geboren" nannte[8].

Es ist schwierig, die Einflüsse Srī Ramanas und seiner Unterweisung einerseits und des „Schweigens" des Berges andererseits voneinander zu scheiden – für Abhishiktānanda sind beide nicht nur eng verbunden, sondern eins: Zwei sichtbare Zeichen des einen Mysteriums, der einen Gegenwart; zwei Stimmen, die nach innen rufen, dorthin, wo sich die Begegnung ereignet, die hinkünftig die Mitte seines Lebens sein und bis zum Ende bleiben wird. An Christus richtet sich der Aufschrei in *Guhāntara:*

---

[8] Jules Monchanin, *Mystique de l'Inde, mystère chrétien* (Paris 1974), 269–273.

„O mein Geliebter, warum hast Du Dich verborgen unter den Zügen Shivas und Arunāchalas, Ramanas des Rishi, Sadāshivas des nackten Pilgers, um mir Deine Gnade zu schenken?

Ist hier Dein göttliches Spiel?

Du nimmst alle Formen an.

Und Du spielst mit uns,

denn Du willst, daß man Dich suche

jenseits aller Formen!

Denn keine Form ist in der Welt, die nicht Deine wäre,

dem Unwissenden Dich verbergend

und Dich offenbarend

dem, der weiß!"

Und gleichfalls in *Guhāntara* die Definition seines geistlichen Suchens: „Das uranfängliche Werk des Menschen ist, in sein Inneres einzukehren, um hier sich selber zu begegnen. Wer nicht in sich begegnet ist – ist der jemals Gott begegnet? Und wer nicht Gott in sich begegnet ist – ist der jemals sich selber begegnet? Man begegnet sich nicht unabhängig von Gott, man begegnet Gott nicht unabhängig von sich. Gott ist der, der im Herzen von allem ist, im Ursprung von allem, im Ursprung selbst des „Du"-Wortes, das ich zu Ihm spreche. Solange man nicht zu diesem Ursprung im eigenen Innern, aus dem die Andersheit selbst hervorgeht, zurückgekehrt ist, so lange schmeichelt man nur den Idolen draußen, die man nach seinem eigenen Maß sich gemacht hat."

Am Schluß seines Besuches bei Srī Gnānānanda im März 1956 zieht Abhishiktānanda selbst die Bilanz seiner Aufenthalte in Arunāchala: „Mir scheint, ich könnte leicht meinen gegenwärtigen Zustand, nach Arunāchala, als Morgenröte bezeichnen – *aruṇodaya,* noch vor Sonnenaufgang leuchtet der Himmel. Licht *(jyotis),* Friede *(śānti),* Seligkeit *(ānanda).* Die Vögel singen schon, und mein Herz singt schon. Freudig das Erscheinen des strahlenden Sonnenrundes erwarten."

Der nun folgende Bericht ist wie die Leinwand, auf der diese wunderbare „Morgenröte" ihr Farbenspiel malt.

1

Der Maharshi

Bevor ich nach Indien kam, hatte ich natürlich von Srī Ramana gehört. Seine Schriften waren noch nicht in Französisch erschienen; doch es gab Broschüren über ihn, da und dort waren Artikel veröffentlicht worden, sogar in den *Études Carmélitaines*. So war es selbstverständlich, daß ich lebhaft danach verlangte, ihm zu begegnen – dies um so mehr, als das Ufer der Kaveri, wo ich mich damals aufhielt, kaum 100 km von dem heiligen Berg Arunāchala entfernt war, wo der Weise seit mehr als fünfzig Jahren lebte.

So freute ich mich sehr, als „Purusha" [1] mich einlud, ihn zum Ashram des Maharshi zu begleiten. Er selbst hatte ihn schon zwei- oder dreimal besucht und war zutiefst beeindruckt gewesen.

„Montag abend breche ich nach Villupuram auf", schrieb er mir von Pondichéry an einem Tag im Januar in seinem unnachahmlichen Stil. „Wir treffen uns in der Nacht auf dem Weg zum Ashram des Rishi. Also bis Dienstag, vor Morgengrauen – *jñānodaya!*" [2]

So traf ich mich also an einem Wintermorgen mit Purusha am Bahnhof von Tiruvannāmalai. Wie alle Arunāchala-Pilger nahmen wir einen Ochsenkarren und kauerten uns rückwärts, wie es eben ging, auf einen Heuhaufen hin. So ließen wir uns

---

[1] *Puruṣa* – s. Glossar. Des Verfassers liebevoller Spitzname für P. Jules Monchanin.

[2] *Udaya* ist der Aufgang, die Morgenröte; *jñānodaya* ist der Aufgang der Weisheit *(jñāna)* am innersten Himmel der Seele.

eine gute halbe Stunde lang durchschütteln, bis wir schließlich den Eingang des Ashram erreichten.

Bei der Ankunft wurde Purusha von einigen Brahmanen des Ashram erkannt; und Srī Rājā Aiyar, der sympathische und hilfsbereite Verwalter, kümmerte sich, daß wir gleich ein Zimmer bekamen, ein Frühstück und ein wenig ruhten bis zur Stunde des *darśana*. Am späteren Vormittag ließ er uns rufen und begleitete uns zum Maharshi.

Seit einigen Monaten fand das Darshana in einer Art großem Schuppen statt, auf Bambusstangen gestützt und bedeckt mit Kokosblättern – *pandal* nennt man in Südindien solche leicht wieder abzutragenden Konstruktionen. Dieser Pandal war für die Feiern zum Jubiläum der Ankunft des Weisen in Tiruvannāmalai errichtet worden. Man hatte ihn dann stehen lassen und für das Darshana hergerichtet, denn der Raum, der bis dahin dazu gedient hatte, war viel zu klein geworden, um die wachsende Flut von Pilgern und Besuchern des Ashram aufzunehmen.

Das Darshana Srī Ramanas war schließlich zu einer Art Ritual geworden – was manche verwunderte. Wie passen festgesetzte Audienz-Zeiten zu einem Ashram? Ist der wirklich Weise nicht weit über sein Ego hinaus, kann er nach irgendeinem Herausgehoben-Sein verlangen? Und steht er nicht grundsätzlich jedem zur Verfügung, wer und wann es auch sei – zumindest solange sein *prārabdha,* seine Berufung ihm nicht Einsamkeit und völliges Schweigen auferlegt? Einsamkeit und Schweigen hatte Srī Ramana selbst lange gehalten – in den Grotten des Berges, wo er zuerst lebte, und auch dann in der strohgedeckten Lehmhütte, die der erste Bau des späteren Ashram war. Doch als die Menge der Menschen, die zu ihm kamen, immer größer wurde, da mußte man wohl zu einer beiläufigen Ordnung und schließlich zu einer strengen und genauen Verwaltung kommen. Es war Swāmī Niranjanānanda, Srī Ramanas leiblicher Bruder, der sich dieser Aufgabe energisch und geschickt annahm. Früh verwitwet, war er zu seiner Mutter, die er verehrte, nach Tiruvannāmalai gekommen; dann hatte er sich der geistlichen Leitung seines Bruders unterstellt und schließlich offiziell den Sannyāsa auf sich genommen.

Hinzu kam auch Srī Ramanas Alter: er stand im siebzigsten Lebensjahr. Seine Körperkräfte ließen nach; die Nachlässigkeit und Gleichgültigkeit gegenüber dem Körper in seinen jungen Jahren wirkten sich jetzt aus. Die dauernde Anwesenheit von Besuchern, ihre Gespräche, ihre Anliegen aller Art bedeuteten eine große Belastung für den Maharshi. Um ihn vor zudringlicher Begeisterung zu schützen, errichtete man ihm einen kleinen Pavillon, wo er sich frei und nach Belieben ein wenig ausruhen konnte. Und außerdem entschied man, daß Schüler und Verehrer nur noch zu bestimmten Zeiten in seine Gegenwart zugelassen würden.

Der Maharshi widersprach oft: „Warum so viel Aufhebens um diese fleischliche und vergängliche Hülle? Warum denen, die oft von weit her kommen, seinen Willen aufzwingen?" Doch schließlich ließ er es mit sich geschehen, denn warum sollte *er* seinen eigenen Willen aufzwingen? Vor dreißig Jahren hatte man ihn veranlaßt, vom Berg herabzusteigen, hatte man ihn von einer Höhle zu einer Hütte geführt, von dieser Hütte zu einem Haus, von dem Stein, der ihm als Sitz und Lager gedient hatte, zu einem mit Teppichen und Polstern bedeckten Diwan ... War nicht seine wahre Askese, sein *tapas*, dieses Mit-sich-geschehen-Lassen, so als ob der Körper bereits leblos wäre?

So also, trotz seiner vollkommenen Schlichtheit und absoluten Losgelöstheit, hatte Srī Ramana sich damit abgefunden, Audienzstunden zu halten, auf einem Bett hingelagert, und sich von den Brahmanen seiner Umgebung praktisch wie eine der Mūrtis in ihren Tempeln behandeln zu lassen.

Wenn man den Pandal betrat, so sah – oder ahnte – man zunächst im Hintergrund den Maharshi, auf seinem Diwan ausgestreckt, eingehüllt in die Wolken, die von Räucherbecken und glimmenden Sandelstäben aufstiegen. Stets umgaben ihn drei oder vier besonders ausgewählte Schüler, bereit, dem geringsten Wink zu entsprechen. Sie hatten auch die Gaben von Früchten und Gebäck, welche Besucher brachten, zu übernehmen, um sie an die Anwesenden auszuteilen, nachdem sie, von der Hand des Weisen berührt, zu ‚Prasāda' geworden waren. Eine kleine Balustrade trennte dieses ‚Heiligtum' von der Menge. Im ‚Mittelschiff' waren die Männer und in einer Art ‚Querschiff', zur Rechten des Maharshi, die Frauen, die meisten in glänzenden Seidensaris[3], die Augen unverwandt auf ihn gerichtet.

Andächtiges Schweigen herrschte in dem Pandal, kaum von gelegentlichem Flüstern unterbrochen. Wenn Srī Ramana zu einem der Nebenstehenden etwas sagte, spitzten alle begierig die Ohren. Er bat vielleicht um ein Buch oder um das Fläschchen mit Öl zum Einreiben seiner rheumatischen Glieder. Die Gläubigen, auf dem bloßen Boden sitzend, hatten den Blick auf ihn gesammelt, oder vielmehr: waren mit geschlossenen Augen ganz in Meditation versunken. Neu-Ankommende traten an die Balustrade heran, falteten die Hände oberhalb des Hauptes in der großen Añjali-Geste und warfen sich nieder mit dem Gesicht zur Erde. Nach diesem Ritual traten sie zurück, um ihren Platz unter den anderen Meditierenden einzunehmen.

Purusha und ich traten unsererseits herzu, grüßten ehrfürchtig mit zusammengelegten Händen und setzten uns inmitten der Menge nieder.

Ich begann, mit konzentrierter Aufmerksamkeit auf jenen zu schauen, von dem ich so viel gelesen und gehört hatte. Kein Zweifel, dieser Besuch war ein besonderes Ereignis in meinem Leben. Seit dem Augenblick, da er beschlossen worden war, erwartete ich mit wachsender Ungeduld die Stunde, bis ich in der Gegenwart des Maharshi sein durfte. Etwas *mußte* sich ereignen, wenn er und ich einander leibhaft begegneten. Das stand für mich fest: Dieser Mann hatte für mich eine Botschaft, vielleicht nicht in menschlichen Worten, aber jedenfalls eine spirituelle Mitteilung. Denn das hatte man mir ja

---

[3] Sārī (Hindi): das normale indische Frauengewand – eine lange Stoffbahn, die um die Taille gewickelt auf die Knöchel herabfällt, während das andere Ende lose um Oberkörper und Kopf geschlungen wird.

gesagt: Das Wort war nur die geringste der Weisen, in denen der Maharshi seine Erfahrung mitteilte.

Jedoch trotz meiner glühenden Erwartung oder vielleicht gerade ihretwegen fand ich mich enttäuscht, und mein Herz fühlte sich immer schmerzlicher berührt. Wiederholt sich die Geschichte von Emmaus nicht unablässig in den großen Stunden der Menschen: daß gerade jene in solche Stunden geraten, die zuvor bereits entschieden hatten, daß die Dinge sich auf eine ganz bestimmte Weise abzuspielen hätten, nach ihren eigenen Entwürfen?

In allem, was ich sah und hörte, war etwas, das nicht anging. Zunächst die liturgische Atmosphäre. Dann das Wort *Bhagavān,* das uns seit dem Morgen unablässig in den Ohren klang; sogar die offizielle Information schrieb von „Bhagavān". Ist das nicht der HERR? Ist das nicht prinzipiell ein göttlicher Titel – und ihn einem Sterblichen geben, wie heilig er auch sei, war das nicht doch eine Profanierung? Ich vergaß, daß die französische und englische Sprache keine Skrupel haben, die Entsprechungen *Monseigneur* und *Mylord* in noch viel profanerer Bedeutung zu gebrauchen. Ich hatte noch nicht begriffen, wie sehr das Göttliche alles Leben und alles Denken Indiens einhüllt. Davon muß auch die Sprache gezeichnet sein, wenn sie sich unablässig und gleichsam unbewußt auf den göttlichen Ursprung und Grund aller „Erscheinung" – in der Welt der Sinne und des Verstandes – bezieht. Der HERR bleibt immer unberührt, unangreifbar in seiner Alleinheit: und doch ist und bewegt sich alles im Schoß seines Mysteriums. Nur *Seine* Schönheit in der Welt der Körper, der Natur und der Seele. Kann es verwundern, daß der durchdringende Blick des geistigen Indiens geradewegs auf Ihn hinzielt und Ihn schon nennt in allem, was Ihn kundgibt?

Angestrengt betrachtete ich diesen Alten: ein Siebzigjähriger mit sehr sanftem Gesicht, sehr schönen Augen – doch was weiter? Seine Haut war hell, wie allgemein die der Brahmanen des Südens, goldig-bronzen. Sein Leib war nackt, wie es dem wahren Asketen entspricht. Außer einem knappen Baumwollstreifen zwischen den Beinen, dem *kaupīnam,* trug er nichts.

Ausgestreckt auf seinem Diwan, las er ein Buch oder eine Zeitschrift, korrigierte manchmal Druckfahnen, oder er hörte zu, wenn, wie es schien, Post vorgelesen wurde, gelegentlich durch eine Kopfbewegung seine Meinung anzeigend.

Inmitten dieser feierlichen Verehrung der Menge, die um ihn herum saß, schweigend, die Augen auf ihn gerichtet, erschien der Mann so natürlich, so „gewöhnlich" wie ein guter Großvater, voll Feinheit und Frieden. Ja, Er erinnerte mich an meinen eigenen Großvater. Ich verstand nicht.

Zweifellos war all dies höchst interessant und sehr neu für mich. Die anwesenden Gläubigen, ihr Verhalten, ihre Sammlung beeindruckten mich ebenso wie die Person des Maharshi. Einige schienen in einer außerordentlichen inneren Konzentration zu ruhen. Da war beispielsweise ein junger Engländer, im Gewand eines buddhistischen Mönchs, die eine Schulter entblößt, dann ein Schwede, und vor allem ein junger Mann aus Nordindien, dessen Gesicht wunderbar die Intensität seines nach innen gewandten Blickes spiegelte.

Um 11 Uhr läuteten die Glocken zu Tisch. Alles begab sich, „Bhagavān" folgend, in den Speiseraum. Das war ein riesiger Saal, der einige Hunderte aufnehmen konnte; an hohen Festtagen füllte er sich mehrmals nacheinander mit Gästen. Eine bewegliche Wand sonderte die Brahmanen ab und schützte ihre Speisen vor unreinen Blicken. „Bhagavān" aber aß zusammen mit den gewöhnlichen Leuten. Sein Platz war an der Rückwand des Saales. Wir Gäste saßen im rechten Winkel dazu in parallelen Reihen.

Purusha und ich hatten für unsere erste Mahlzeit die Vergünstigung, gerade ihm gegenüber Platz zu nehmen[4]. Selbstverständlich wandte ich während des ganzen Essens kaum die Augen von ihm, ganz darauf aus, sein Geheimnis zu entdek-

---

[4] In seinem „Tagebuch" schreibt der Verfasser am 24.1.1949: „P. Monchanin stellt sich vor, erwähnt seine beiden vorausgegangenen Besuche, stellt mich vor. Der Maharshi antwortet mit einigen Handbewegungen und vor allem mit einem Lächeln so voller Güte, daß man es nicht vergessen kann."

ken. Er saß auf dem Boden wie wir, aß wie wir mit den Fingern genau das gleiche Essen, angerichtet auf einem Bananenblatt. Er bestand darauf. Seit Beginn seines Tapas hatte er energisch alles zurückgewiesen, was nicht ohne Unterschied von jedermann geteilt werden konnte. Gelegentlich machte er zu denen, die ihn bedienten, eine Bemerkung, offenbar über die Qualität der Speisen oder über ihre Herkunft. Er schien mit ausgezeichnetem Appetit zu essen.

Wirklich, wieder erschien er mir wie ein guter Großvater. Aber die Aureole? Ich konnte mir noch so sehr die Augen aus dem Kopf schauen – meine Versuche, sie wahrzunehmen, blieben vergeblich.

Am Nachmittag kehrten wir zum Darshana zurück. Gegen 4 oder 5 Uhr setzten sich die Brahmanen des Ashram um den Diwan, auf dem „Baghavān" thronte, und begannen den Gesang der Vedas – ein Brauch, der auch seither ehrfürchtig bewahrt wurde.

Zum ersten Mal hörte ich diese beschwörende und verzaubernde Psalmodie, stark rhythmisch, auf drei oder vier Tönen tanzend. Das brachte einen weit, sehr weit zurück in die Zeit, bis zu den Einsiedeleien der Weisen, der Rishis, die seit alters am Abend in ihren Wäldern, wenn die Sonne hinter dem Horizont verschwand und die Flamme des Opferfeuers aufloderte, diese Strophen sangen und sie ihren Schülern anvertrauten für die kommenden Geschlechter von Gläubigen, die ohne Ende einander nachfolgen würden auf dem Boden von Bhārat [5].

Wie weit fühlte ich mich von dieser äußeren Welt, in die ich gestern noch verstrickt gewesen war, von der Menge in den Zügen und Bahnhöfen, durch die ich mir vorige Nacht einen Weg zu bahnen suchte, auch von dem Flitter und falschen Luxus, die diesen Pandal entstellten, ja weit auch von dem Menschen, der – zumindest in seiner äußeren Form – der Vorwand

---

[5] *Bhārata:* die Nachkommen Bharatas und ihr Land (s. Glossar); heute offizieller Namen Indiens. In moderner Sprache wird meistens das abschließende a unterdrückt (z. B. „darshan"), wir geben aber wo möglich die Sanskrit-Formen wieder.

für diese Liturgie wurde. Diese vedischen Hymnen, auch wenn ihr äußerer Sinn einem entgeht, sind von einzigartiger Eindringlichkeit, zumindest wenn einer bereit ist, sich innerlich ihrer Beschwörung zu öffnen. Es heißt, sie seien aus den archetypischen Ursprüngen des Seins selbst hervorgegangen – und bis zu diesen verborgensten Ursprüngen führen sie unwiderstehlich den zurück, der sie singt und auch den, der sie hört. Der Geist wird hinübergetragen in eine unbekannte Welt, eine Welt aber, die er ganz wunderbar als die seine erahnt und die sich an seinem Ursprung selbst offenbart, die aber zu fliehen scheint, sobald man versucht, sie rational zu definieren und in Begriffe einzufangen. Schnell hatte ich es aufgegeben, verstehen zu wollen; ich ließ mich einfach ergreifen und tragen ... Mehr noch als die so zauberhaften Ufer der Kaveri begann nun Arunāchala, von mir Besitz zu ergreifen.

Um 6 Uhr verließen die Frauen den Ashram: das war eine strikte Regel. Die Gitter wurden beiseite getan. Einige Personen näherten sich dem Maharshi und begannen, ihm Fragen zu stellen. Seine Antwort und die sich entwickelnde Unterhaltung waren in Tamil. Dies und die Entfernung gestatteten mir leider nicht zu verstehen, was gesprochen wurde.

Am andern Morgen erwachte ich mit Fieber. Gleichwohl ging ich zum Darshana, und auch die Rezitation der vedischen Gesänge wollte ich wiederum hören. Ich ließ mich von ihrer Verzauberung ergreifen; ich versuchte, mehr noch als am Vortag, ganz tief in die Augen des Weisen da vor mir einzudringen, sein Geheimnis zu berühren ...

Nach dem Mittagessen führte Purusha mich zu Miss Ethel[6], die er bei einem früheren Aufenthalt kennengelernt hatte. Sie fragte nach meinen Eindrücken. Ich wollte nicht lügen und sagte ihr meine Enttäuschung.

„Sie kommen ganz überladen hierher", sagte sie zu mir. „Sie wollen wissen, wollen verstehen. Das, was Ihnen bestimmt ist, muß Sie notwendig auf dem Weg, den *Sie* beschlossen haben,

---

[6] Vermutlich handelt es sich um Ethel Merstone (Anmerkung der Herausgeberin).

erreichen. Machen Sie sich leer. Seien Sie nur empfänglich. Ihre Meditation sei reine Aufmerksamkeit."

Purusha ging zum Tee bei einer anderen europäischen Familie. Ich entschuldigte mich mit meiner Grippe und kehrte zum Darshana zurück, eingemummt in Decken.

Versuchte ich wirklich, leer zu werden, wie Miss Ethel es geraten hatte? Oder war es vielmehr das Fieber, das mich schüttelte und das alle meine Ansätze, zu meditieren und nachzudenken, vereitelte? Als wieder die Vedas begannen, entführte mich ihre Beschwörung noch viel weiter von den Dingen und von mir selbst als am Vortag. Das Fieber, die Benommenheit, ein gleichsam halb-träumender Zustand hatten in mir Bereiche des Außer-Bewußten frei gemacht, in denen alles, was ich sah und hörte, ein Echo von umstürzender Intensität hervorrief. Bevor noch mein Denken sie hätte erkennen oder gar aussprechen können, war von irgend etwas in mir, in meiner tiefsten Tiefe, die geheime Aureole des Weisen wahrgenommen worden. Ungekannte Harmonien erwachten in meinem Herzen. Ein Gesang war zu ahnen und besonders ein *Baß*, der alles einhüllte ... In diesem Weisen von Arunāchala, dem Weisen dieser Zeit erschien mir der Einzige Weise des ewigen Indien, die niemals unterbrochene Kette der Weisen, der Verzichter, der Seher; es war, als ob Indiens Seele selbst hereinbräche ins Innerste meiner eigenen Seele und sich geheimnisvoll mit ihr vereinigte. Das war ein Anruf, der alles sprengte, alles spaltete, der einen riesigen Abgrund aufriß ...

Noch am selben Abend mußten wir aufbrechen. Das Fieber stieg; dem Ashram mit seiner Flut von Besuchern konnte man nicht einen Kranken aufbürden. Eine halbe Stunde Gerüttel im Ochsenkarren, eine erschöpfende Nacht in überfüllten Abteilen mit zweimaligem Umsteigen ... Am andern Morgen konnte ich nur noch mich aufs Bett werfen, und da blieb ich drei Tage lang, unfähig mich zu regen.

Doch wenn der Körper auch hier unter Decken begraben lag, der Geist war immer noch im Ashram Srī Ramanas. Die vedischen Gesänge, wie ich sie dort gehört hatte, klangen unablässig in meinen Ohren. Jener alte Mann, ausgestreckt auf seinem Diwan, die Menge, die sich andächtig um ihn drängte – beständig tanzte mir ihr Bild vor den Augen. In meinen Fieberträumen, nicht wahrhaft wachend, nicht wahrhaft schlafend, tauchte immer wieder der Maharshi auf, es gab keinen Widerstand, der Maharshi mit allen Weisen und Gurus, mit Indien, das alle Zeit übergreift, dessen lebendiges und faszinierendes Symbol er für mich war. In meinen Träumen gab es auch die immer und immer wieder scheiternden Versuche, die gewaltigen Eindrücke, die der Kontakt mit dem Maharshi in mir ausgelöst hatte, so aufzunehmen, daß sie nichts von meinen vorherigen mentalen Konstruktionen zerbrächen – ganz neue Eindrücke, gewiß, aber bereits so gefestigt in mir, daß sie sich niemals mehr würden verjagen lassen.

Als ich aus den Fiebertagen erwachte, begriff ich, bis in welche Tiefe diese erste Begegnung mit Srī Ramana und dem Mysterium von Arunāchala in mich eingebrochen war.

Sechs Monate später kam ich wieder nach Tiruvannāmalai. Mindestens eine ganze Woche hoffte ich im Ashram verbringen zu können. Ich kam allein, ohne europäische Kleidung, ein Tuch um die Hüften und die Schultern bedeckt mit weiten Baumwolltüchern, wie es in Tamil Nadu üblich ist.

Ich erreichte den Ashram gegen Mittag. Infolge einer Verspätung des Zuges von Tiruchirappalli hatte ich in der Nacht in Villuparam den Anschluß versäumt. Doch ich kam zu unrechter Zeit. Da ich mit Tiruvannāmalai nicht in brieflicher Verbindung stand und auch nur sehr selten Zeitungen las, wußte ich gar nichts von dem, was sich seit meinem ersten Besuch zugetragen hatte. Etwa im Februar war ein Tumor am linken Ellenbogen Srī Ramanas aufgetaucht. Die Ärzte hatten ihn entfernt, doch er war wiedergekommen, und eine neuerliche Operation hatte das Wachsen des Übels nicht aufhalten können. Das einzige sichere Mittel wäre die Amputation des Armes gewesen. Der Maharshi sagte „Wozu?", und er verweigerte entschieden seine Zustimmung. Man versuchte also verschiedene Behandlungen: Radium, Kräuter, Homöopathie, ayurvedische und tamilische Siddha-Medizin [7] – alle ebenso schmerzhaft wie unwirksam. Vor einigen Tagen nun war ein letzter Versuch mit einem chirurgischen Eingriff gemacht worden, und danach war er außerordentlich schwach. Niemand außer den Pflegern und den nächsten Angehörigen durfte zu ihm.

All das erklärte man mir, als ich mich an der Pforte des Ashram meldete. Da das Darshana nicht stattfinden konnte, war auch das Gästehaus bis auf weiteres geschlossen. Man ließ mir keine Hoffnung, empfangen zu werden. Verwirrt, sah ich nur die eine Möglichkeit: noch am Abend den Zug zurück zu nehmen und wiederzukommen, wenn die Umstände günstiger sein würden.

Vor der Abfahrt wollte ich Miss Ethel sehen.

„Nein, so werden Sie nicht wieder weggehen", sagte sie sofort. „Um jeden Preis müssen Sie warten und den Maharshi sehen. In zwei oder drei Tagen wird man gewiß wieder Gäste zum Darshana zulassen. Ich weiß aus guter Quelle, daß Bhagavān darauf besteht, nicht so isoliert zu werden. Wenn der Ashram Sie nicht aufnehmen will, werde ich etwas anderes für Sie arrangieren."

Sie ging mit mir zum Ashram, forderte, verhandelte und setzte sich schließlich durch. Ich würde die Mahlzeiten im Ashram bekommen, für die Nacht könnte ich einen Anbau in der Einfriedung des Mahasthan, wo sie selbst in einem Pavillon wohnte, benützen. Tatsächlich wurde am folgenden Tag das Darshana wiederaufgenommen, allerdings beschränkt auf je eine Stunde, vormittags und nachmittags, während der die Brahmanen die Vedas sangen. Die Menge war jetzt noch dichter als sonst, denn die Nachricht vom Gesundheitszustand des Maharshi hatte sich in ganz Indien verbreitet, und von überall her strömten Menschen herbei, um vielleicht zum letzten Mal das Darshana des Weisen zu haben.

Diesmal war ich besser vorbereitet, Gewinn aus der Gnade der Stunde zu ziehen, und ich versuchte, nicht wieder meine

---

[7] *Āyurveda,* wörtlich „Wissenschaft vom Leben": die traditionelle indische Heilkunde. *Siddha,* s. Glossar.

rationalen Bemühungen ‚dazwischenkommen' zu lassen, sondern mich ganz einfach dem geheimen Einfluß hinzugeben.

Die Einschränkung der Darshana-Stunden ließ viel freie Zeit. Ich nützte sie, zum Skanda Ashram [8] hinaufzusteigen, ein wenig in der Gegend zu wandern, vor allem, mich mit Schülern des Maharshi zu unterhalten, besonders mit Miss Ethel. Diese Engländerin war stets hilfsbereit, um was auch immer und um wen auch immer es sich handeln mochte. Und sie tat alles mit großem Zartgefühl. Ich erinnere mich noch, wie sie einige Jahre später – ich wohnte wieder in jenem Anbau im Mahasthan – am Morgen des Weihnachtstages heimlich ein Tablett mit Schokolade und anderen Süßigkeiten vor meine Tür stellte und sofort verschwand, um ja nicht meine Meditation und mein Schweigen zu stören an einem solchen Tag. Und gleichfalls erinnere ich mich an eine arme Australierin, die durch schwere Lebensprüfungen seelisch gestört war, die niemanden ertrug und die niemand ertragen konnte: nur Ethel hatte die Geduld, sie anzunehmen und ihr lange zuzuhören, und so gelang es ihr ganz allmählich, ihr zu helfen, zumindest ein wenig Frieden zu finden.

Sie war die erste Frau gewesen, die es gewagt hatte, die Urwälder Südamerikas zu überfliegen. Mit den verschiedensten esoterischen Kreisen war sie in Kontakt gestanden und hatte mehrere Jahre bei Gurdjieff [9] in einem Vorort von Paris gelebt. Sie hatte Ouspensky sehr gut gekannt und auch die Schulen, die in England seine Arbeit fortsetzten [10]. Als sie die Fünfzig überschritten hatte, ging sie nach Indien, um sich bei Vārānasī niederzulassen – im Kreis um Krishnamurti, jenen gefeierten Tamil-Brahmanen, den Annie Besant zum Avatāra unseres

---

[8] Der erste Ashram, der in einer Berghöhle eingerichtet worden war. Ramana Maharshi lebte hier von 1914 bis 1922.

[9] G. I. Gurdjieff (Gurdjiew), wohl aus dem Kaukasus stammender „Weisheitslehrer", † 1949 in Paris.

[10] P. D. Ouspensky (Uspenskij) war zeitweilig Gurdjieffs Schüler, berichtet über diese Zeit in *Auf der Suche nach dem Wunderbaren* (Innsbruck 1949). Von den englischen Nachfolge-Schulen wurde am bekanntesten die von J. G. Bennett.

Zeitalters hatte machen wollen[11]. Sie betreute die Gärten und Obstkulturen bei der von ihr gegründeten Schule, stand allezeit den Bauern des Dorfes bei und verteidigte sie gegen die unwahrscheinlichen Erpressungen der Nāga-Sādhus[12]. Schließlich hatte sie den Maharshi kennengelernt und kam nun jedes Jahr für ihre Ferien nach Tiruvannāmalai. In der ganzen Welt hatte sie Freunde und Briefpartner. Sie hatte die höchsten englischen Funktionäre in Indien ebenso gekannt wie die prominentesten Mitglieder des Kongresses, die nach ihnen die Führung des neuen Indiens übernahmen. Sie war immer beschäftigt – etwa mit dem Korrigieren eines Buches, in dem einer von Ouspenskys Schülern auf seine Weise eine Synthese der universalen Wissenschaft versuchte, oder mit dem Übersetzen des einen oder anderen rheinischen Mystikers ins Englische. Dabei war sie von äußerster seelischer Feinheit und immer mit gutem Rat zur Hand. Aus liberalem jüdischem Milieu stammend, war sie ohne Religion aufgewachsen. In ihrer Jugend aber hatte sie gewünscht, sich taufen zu lassen, um wie die anderen Mädchen in ihrem Pensionat zu sein. Um sie in dieser frommen Absicht zu bestärken, hatte ein Kaplan ihr erklärt, daß die Hölle für alle Nicht-Getauften weit geöffnet bereitstehe. Das genügte ihr, und sie verzichtete für immer auf den Gedanken, Christin zu werden.

Sie war sehr klarsichtig – in bezug auf andere wie auch auf sich selbst. Schnell erkannte sie Schwächen, aber sie war äußerst verständnisvoll und nachsichtig mit den Sündern. Sie gestand ganz schlicht, daß sie nicht die Gabe der Konzentration habe; ihr Vorzug war die Fähigkeit zur *Gemeinschaft* mit anderen. Die Vorstellung der Seelenwanderung störte sie nicht. Im Gegenteil: „Wie wunderbar", sagte sie, „immer und immer

---

[11] A. Besant war die zweite Vorsitzende der Theosophischen Gesellschaft. Über diese ihre Avatāra-Vorstellung kam es zum Bruch mit dem deutschen Zweig der Gesellschaft, der unter Rudolf Steiner sich abspaltete. Später wurde der Irrtum eingesehen. Krishnamurti gibt keine systematische Unterweisung, aber er hält Vorträge, schreibt Bücher usw.

[12] *Nāga:* Schlange , *sādhu,* s. Glossar. Es handelt sich um eine Gruppe von eher räuberischen „Gottesmännern".

wieder neue Erfahrungen machen zu können!" Sie war es, die mir enthüllte, daß bei Arunāchala es nicht nur Ramana gebe, sondern auch den Tempel und auch den Berg, und daß es von der jeweiligen Seele abhänge, durch welchen dieser drei „Kanäle" die Gnade sich mitteile. Ich hörte, was sie mir sagte, gewiß, aber es brauchte lange Jahre, bis ich verstand ...

Auf meine Bitte machte sie mich mit einigen ausgesuchten Schülern des Maharshi bekannt.

So hatte ich einige sehr gute Gespräche mit einem jungen Telugu-Brahmanen, der unverheiratet in Tiruvannāmalai lebte, zusammen mit seiner Mutter. Er gehörte zu den Bevorzugten, die Srī Ramana unmittelbar dienten. Ich bat ihn, mir die Lehre des Maharshi zu erklären. Er tat es nach bestem Vermögen und sehr klar, in philosophischen Begriffen, die mir damals gefielen. Heute lassen mich diese Versuche ein wenig lächeln, intellektuell das einzufangen, was sich seiner Natur nach nicht in Ideen fassen läßt! Aber schließlich, muß man nicht damit zufrieden sein, so zu beginnen – zumindest wir unverbesserliche Griechen des Abendlandes? Manche springen direkt von der Höhe der Klippe ins tiefe Wasser; andere gehen langsam den Strand hinab und tasten sich behutsam vor in das Meer, das sie ruft ... Glücklich sind sie, wenn die Woge daherkommt und sie verschlingt! – Noch öfters begegnete ich später diesem jungen Brahmanen, und immer freute ich mich – obwohl er, was ich bedauerte, mehr und mehr vom Weg der *bhakti*, der Andacht, der Gesänge und Riten, angezogen wurde. War vielleicht auch er zu reich an Klugheit gewesen?

Ich traf auch einen anderen, viel älteren Brahmanen, der gleichfalls aus dem Land Andhra stammte und jetzt in einer der Einsiedeleien von Pālakothu [13] lebte. Das war kein Gelehrter, kein Intellektueller, doch was er mir sagte, schien unmittelbar aus einer sehr tiefen persönlichen Erfahrung zu entspringen. Eines Abends suchte er mich im Mahasthan auf, wir setzten uns auf die große Steinbank dem Berg gegenüber.

---

[13] Siehe S. 57.

Er erzählte mir von der Krankheit Srī Ramanas, von den so schmerzhaften Operationen und von dem wunderbaren Gleichmut, mit dem er seine Leiden ertrug, während doch gleichzeitig sein Gesicht die Qual des Körpers verriet. „Er erinnerte mich an den Herrn Jesus", sagte mein Gesprächspartner. Doch der Körper kümmerte den Maharshi nicht. Er ließ die Chirurgen an ihm herumschneiden, wie sie wollten; und ihre Entscheidungen hinsichtlich der einzuhaltenden Ruhe, der Abgeschlossenheit, der besonderen Nahrung, die sein Zustand erforderte, nahm er sehr unwillig auf.

Nach diesem Schüler ist der zentrale Punkt der Lehre Srī Ramanas das Mysterium des Herzens. Am besten hat dies Ganapati Shāstri [14] in seiner *Srī Ramana-Gītā* ausgesagt. Das *Herz* in sich entdecken, jenseits des Geistes und des Denkens, dort dauernd Wohnung nehmen, alle Bande zerschneiden, welche das Herz in den Bereichen der Sinne und des äußeren Bewußtseins festhalten, alle flüchtigen Identifikationen dessen, was man *ist*, mit dem, was man *hat* oder *tut*. Er zitierte (und schrieb ihn mir nachher auf) einen wunderbaren Vers der *Mahānārāyana Upanishad* (12, 14):

„In die Krypta des Herzens,
wo das leuchtende Geheimnis wohnt,
dringt nur der ein, der seiner selbst entsagt."

Lesen und Gespräche verhalfen mir allmählich dazu, die Persönlichkeit des Maharshi klarer zu erkennen.

Bald verstand ich, daß die quasi-kultische Atmosphäre, die mich im Januar so gestört hatte, eine Erscheinung verhältnismäßig jungen Datums war, bewirkt durch den täglich wachsenden Strom der Besucher und Pilger, aber auch durch die Schwäche des Maharshi, die ihn an seinen Diwan band und ihm nicht mehr gestattete, mit der früheren Leichtigkeit sich zu bewegen, zu gehen und zu arbeiten. Noch vor wenigen Jahren war er jeden Abend den Weg zum Skanda-Ashram hinauf-

---

[14] Telugu-Dichter und Schüler Srī Ramanas.

gegangen, mit den Leuten, die ihm begegneten, auch den Hirtenbuben, ungezwungen sich unterhaltend. In der Frühe vor Sonnenaufgang war er in der Küche, Gemüse für die Mahlzeiten zu putzen. Es waren die Umstände und die körperliche Schwäche, aber mehr noch die unkontrollierbare Frömmigkeit der Verehrer, die das Darshana zu dieser falschen Zeremonie gemacht hatten, wo Srī Ramana auf seinem Bett einem Idol im Tempel glich, wehrlos seinen Anbetern preisgegeben.

Seit etwa dreißig Jahren lebte Srī Ramana in dem Ashram hier unten. Anfangs hatte ihm der Vorschlag, von dem Berg, wo er zwanzig wunderbare Jahre verbracht hatte, herabzusteigen, wenig gefallen. Man stellte ihm vor, daß die schlechten Wege und die kaum in den Fels gekerbten Stufen es für viele mühsam machten, so weit heraufzusteigen, um zu ihm zu gelangen. Besonders sein Bruder wünschte, daß er seinen Aufenthalt nahe beim Samādhi ihrer kürzlich verstorbenen Mutter nehme. Vielleicht hatte er damals schon den Plan im Sinn, über diesem Samādhi einen Tempel für Mātrubhūteshvar,[15] ‚Gott in Gestalt der Mutter, zu errichten. Dieser Tempel war gemäß den āgamischen Riten im letzten März eingeweiht worden, und in seinem großen Mandapam wurde jetzt das Darshana gehalten: der Maharshi als lebendige Mūrti dieses steinernen Tempels.

Mutter und Bruder hatten am Ende das geweihte, zurückgezogene Leben ihres lieben Ramana geteilt und sich in seinen Dienst gestellt. Gewiß, als die Mutter ihn zum ersten Mal nach seiner Flucht zwischen den Felsen von Pāvalakundru entdeckte, hatte er kein Wort zu ihr gesprochen, nicht das kleinste Willkommenszeichen ihr gegeben; er war eiligst fortgegangen, einfach um den Tränen der Mutter zu entkommen. Doch zwanzig Jahre danach, umgeben von einem Schülerkreis, der ihn nicht mehr verlassen sollte, verweigerte er der nunmehr alleinstehenden Mutter nicht den Trost, für den Rest ihrer Lebenszeit bei ihnen zu bleiben und ihnen zu dienen. Die

---

[15] *Mātr:* Mutter, *bhūta:* das Gewordene, das Wesen, *īśvara:* der göttliche Herr.

Schüler bezeugen übrigens, daß er weder dem Bruder noch der Mutter je ein Zeichen besonderer Zuwendung gegeben habe; nur am Tag ihres Todes saß er ständig bei ihr, die Hand auf ihre Stirn gelegt, wie um ihr zu helfen, sich vom Körper zu lösen und in dem einen, äußersten Augenblick Videhamukti zu erreichen – jenen Zustand der Befreiung, den er selbst bereits in der Jugend erfahren und verwirklicht hatte.

Zu jener Zeit lebte Srī Ramana im Skanda-Ashram, einer Höhle am Berghang, gerade oberhalb des großen Tempels. In der Nähe war eine Quelle, die kaum je versiegte – etwas Seltenes auf diesem Berg. Vor der Höhle hatte man ein kleines, einfaches Haus gebaut und sogar einen Garten gepflanzt und das Ganze mit einer Dornenhecke eingefaßt, um die nachts umherstreifenden Panther fernzuhalten.

Etwas unterhalb waren die Höhlen von Virupaksha, wo Srī Ramana zuvor mehrere Jahre gelebt hatte. Im Sommer freilich, wenn die Quelle dort kein Wasser mehr gab, kam er in eine der Höhlen beim Mulaippāl Tīrtham herunter.

Noch früher hatte er im Tempel von Arunāchala gelebt oder auch in Pāvalakundru, in Gurumūrtham oder anderen Verstecken – immer aufs neue flüchtend, sobald man ihn entdeckt hatte und Menschen kamen, sich vor ihm niederzuwerfen.

Anfang September 1896 war es gewesen, als man ein neues Gesicht unter den Sādhus bemerkte, die im Tempel lebten: einen Jüngling mit sehr heller Haut, unbekleidet, der stundenlang in irgendeinem Winkel saß, regungslos, mit abwesendem Blick, der zu niemandem sprach, niemandem antwortete. Nur zu Mittag verließ er den heiligen Bezirk, um ein wenig Reis in den benachbarten Häusern zu erbetteln. Er hatte nicht einmal einen Napf für den Reis; mit bloßen Händen empfing er ihn, führte ihn sogleich zum Mund, wischte sich die Hände an den Haaren ab und eilte zurück in den Schatten des Heiligtums, auf nichts achtend, hingegeben allein dem Mysterium, das er in *sich* ahnte.

„Die Erde als Schlafstatt,
die Luft als Kleid,
als Kissen den Ellenbogen,
als Schale die Hände;
mit festlichem Herzen,
einem Lächeln für alle,
frei von allen Wünschen,
des Weltalls Herr;
o höchste Freude
des, der verzichtet hat!" [16]

Die Leute nannten ihn den „kleinen Sādhu" oder den „Muni-Brahmanen". Niemand wußte, wer er war, woher er kam. Alle waren erstaunt, als man eines Tages entdeckte, daß er schreiben konnte. Später erzählte er, wie er nach Tiruvannāmalai gekommen war.

Etwa 15 Jahre war er alt, als ein Onkel erzählte, er komme von Arunāchala. „Arunāchala?" rief das Kind aus; und von da an geschah es, daß die Silben *Arunāchala,* wiewohl sie seinen Augen kein bestimmtes Bild erweckten und seinem Gedächtnis keine Erinnerung, in seinem Herzen zu singen begannen mit einem fremdartigen Zauber. Sie erweckten in ihm ein Echo, das alles umstürzte und ihn mehr und mehr sich selber entriß.

Einige Monate danach, eines Abends, kam es ihm in den Sinn, daß er sterben müsse. Eine sonderbare Idee im Kopf eines Knaben voller Leben und Gesundheit, der wie kaum ein anderer stets zum Spielen und Kämpfen bereit war! „Ich muß sterben. Gut!" sagte er. Er legte sich ausgestreckt auf den Boden und wartete. Er fühlte, wie die Wärme allmählich aus seinen Gliedern wich und sich in der Mitte, im *Herzen* sammelte. Er fühlte, wie sich die Sinne von den Außendingen zurückzogen, der Geist von seinem Denken, seinem Bewußtsein ... Und plötzlich blitzte es auf: „All dies geht vorbei und verschwindet, *ich* aber bleibe; *ich* bin!"

---

[16] Freie Wiedergabe eines Gedichtes von Shankarāchārya.

„Ein Blitz, das Auge zwinkert –
Ah! ...
das Zeichen des Brahman."
(Kena Upanishad 4, 4)

In einem Augenblick hatte der Knabe begriffen: ich bin weder der Körper, der beginnt, wächst und verfällt, noch die Sinne, die die Außenwelt einfangen; weder das Denken, das die Mitteilungen der Sinne aufnimmt, noch dieses flüchtige Bewußtsein, welches im Schlaf verschwindet. Mit einem Satz hatte er alle Bindungen zerschnitten, alle Identifikationen überstiegen, hatte er die nackte Wahrheit des Seins erreicht: „ICH BIN."

Arunāchala hatte ihm das wesentliche Geheimnis offenbart. Erst Jahre später, als er einige vedāntische Bücher las, erkannte er seine Erfahrung als dieselbe, welche die Rishis der Frühzeit gemacht und durch die Upanishaden weitergegeben hatten. – Nun aber, nachdem er einmal *in seiner eigenen Mitte* Grund gefaßt hatte – was konnten ihn da noch Spiele, Studien, Familienleben interessieren? Man verspottete ihn, man bestrafte ihn. Was konnte er tun? Wie ein Automat ging er vom Haus in die Schule, von der Schule nach Hause. Sobald es nur irgendwie ging, setzte er sich in irgendeine Ecke, allein, in sich versunken.

Eines Tages im August 1896, um die Mittagsstunde, war er dabei, eine Aufgabe abzuschreiben, einige Seiten englischer Grammatik, die er nicht gelernt hatte. Willentlich hatte er sich darangemacht, doch bald entglitt die Feder den Fingern, und er fiel wiederum in den gewohnten Zustand tiefer Versunkenheit. Sein älterer Bruder bemerkte es, und einmal mehr machte er sich über ihn lustig: „Wenn du schon durchaus den Yogī spielen willst, was sollen dann all die alten Schmöker und Hefte?" Das war wie ein Lichtstrahl. Der Spott des Älteren traf mitten ins Herz. Dem jungen Venkataraman erschien es wie ein Zeichen von Arunāchala selbst –

„Der Berg, der ruft:
Komm, so komm doch!

wem immer das Herz
dürstet nach Wahrheit
und Entsagung." [17]

– der Ruf zur Befreiung von allen Banden, die ihn noch festhielten. Er nahm sein Essen und ging fort, wie in die Schule.
Zwei Tage später warf er sich vor dem Tempel von Arunāchala
anbetend nieder.

---

[17] Nach Gurunamashivāya, tamilischer Dichter des Mittelalters.

2

Die Grotte von Vannatti

Mehr als zwei Jahre vergingen, ohne daß ich nach Tiruvannāmalai zurückkehrte. Eigentlich hatte ich im Frühling 1950 wiederkommen wollen. Seit Monaten lag Srī Ramana im Sterben. Man schrieb mir vom Ashram, daß er jeden Augenblick diesen Leib verlassen oder ihn auch, wer weiß wie lange, behalten könne. Alles hinge von seinem Willen ab. Er würde sich zurückziehen, wenn seine Mission erfüllt sei, doch er hatte niemandem seine Entscheidung mitgeteilt. Alles wartete. Purusha hatte ihn kürzlich wiedergesehen; freilich nicht mehr in der großen Darshana-Halle, sondern in seinem kleinen Zimmer, durchs Fenster, aus der Reihe der Pilger, die langsam vorbeischritten, um das Gesicht dessen ein letztes Mal zu sehen, der in das große Geheimnis eingedrungen war. Purusha hatte es geschienen, daß er ihn angeschaut habe, und diesen letzten Blick nahm er als eine besondere Gnade mit sich.

Ich gedachte, Kulittalai am Montag zu verlassen, als ich am vorausgehenden Samstag eine Zeitung in Tamil aufschlug und lesen mußte, daß am Vorabend, Freitag, dem 14. April, Srī Ramana in das Mahānirvāna eingegangen war. Die Zeitung erwähnte auch bereits die Lichtspur, die genau im Augenblick des Todes über den Himmel dahinzog – sie wurde von Schülern bemerkt, die weit entfernt vom Ashram, etwa in Madras, lebten und keine Ahnung hatten, daß in eben dem Augenblick Srī Ramana aus dieser Welt geschieden war.

Der Maharshi war nicht mehr dort: Jeder Wunsch, nach Tiruvannāmalai zurückzukehren, war geschwunden. Doch gegen Ende des folgenden Jahres, als einige europäische Freunde mich baten, sie auf eine kurze Fahrt durch Tamil Nadu zu begleiten, da schlug ich vor, zwischen Mahābalipuram und Chidambaram auch Tiruvannāmalai zu besuchen. Ich konnte ihnen nicht versprechen, daß wir im Ashram, der mitten in Nachfolge-Problemen steckte, aufgenommen würden, aber im schlimmsten Falle könnten wir ohne Aufenthalt unsere Pilgerfahrt mit dem Abendzug fortsetzen. Es ergab sich dann, daß wir von Swāmī Niranjanānanda aufs herzlichste empfangen wurden; man gab uns ein sehr behagliches Zimmer, und beim Abschied nahm man nicht den kleinsten Obolus für unseren dreitägigen Aufenthalt an.

Mit innerer Bewegung besuchte ich die Stätten, wo der Maharshi gelebt hatte. Lange saß ich in der nördlichen Kolonnade des Tempels, bei dem Samādhi, wo seine sterblichen Überreste ruhten. Gern ging ich, um mich zu sammeln, in die kleine Zelle, wo er die letzten Monate seines Lebens verbracht und den letzten Atemzug ausgehaucht hatte und wo jetzt einige Bücher und andere Gegenstände seines Gebrauchs zusammengestellt worden waren.

Abends und morgens sang man an seinem Grab vedische Hymnen, wie es vordem Brauch gewesen war, zu den gleichen Stunden. Wiederum empfand ich ihren Zauber. Diesmal ergriff mich besonders der letzte Gesang: *Upadesha-sāram*, eine Sanskrit-Komposition des Maharshi, die dem Psalmodieren der *Taittirīya Upanishad* und den Hymnen des Yajur-veda an Rudra-Shiva folgte[1]. Nach den Gesängen zelebrierten die Priester des Ashrams die Pūjās, zuerst beim Samādhi, dann im Tempel von Srī Mātrubhūteshvar, an verschiedenen Orten des Ashrams, wo Srī Ramana gelebt und sein Darshana gegeben hatte, und schließlich in der Zelle des Mahānirvāna, wo er allem Sich-Kundgeben unter raum-zeitlichen Bedingungen entsagt hatte.

Beim Eingang des Tempels war das große Mandapam, die Halle, wo in den letzten Monaten des Maharshi das Darshana

---

[1] „Quintessenz *(sāra)* der Unterscheidung *(upadeśa)*". *Taittirīya:* die dem Lehrer Tittiri zugeschriebene Upanishad, sie wird dem Veda der Opfersprüche *(yajus)* zugerechnet.

gehalten worden war – so kalt. Man hatte eine steinerne Statue des Maharshi in Lebensgröße aufgestellt. Ach, es hätte der Bildhauer von Elephanta oder Ellora bedurft, um dem Granit etwas von dem Blick nach innen, der den Weisen kennzeichnete, mitzuteilen! Wie kann Kunst, sei sie menschlich auch noch so groß – ohne Eingebung der inneren Schau diese ‚einzige Gegenwart selbst für sich selbst und in sich selbst' aufscheinen lassen? Über der Statue und dem Ruhebett – auch dies aus Granit, mit Löwenköpfen geschmückt, Geschenk eines Schülers und Bewunderers, des Bengalen Bose – hatte man in goldenen Lettern auf schwarzem Grund den wunderbaren Sanskrit-Shloka eingraviert, in dem Srī Ramana all seine Erfahrung zusammengefaßt hat und der von Ganapati Shāstri in seine Ramanagītā [2] übernommen wurde:

„Inmitten der Höhle des Herzens,
in Gestalt Meiner selbst, Seiner selbst,
einzig und einsam, unvermittelt
aus sich leuchtend, auf sich leuchtend,
das Brahman!
Dringe selbst ein in dieses Innen,
laß das Denken seinen Ursprung erreichen,
den Geist in sich versunken sein,
Atem und Sinne gesammelt im tiefsten Grund,
du ganz fest in dir selbst,
und da – nichts weiter, da *sei*!"

An den Wänden des Mandapam hatte man einige Schränke mit der Bibliothek des Ashrams aufgestellt. Sie war ganz uneinheitlich, da sie ausschließlich aus Geschenken von diesem und jenem bestand. Niemanden wunderte das, niemand tadelte die Ashramiten, daß sie nicht eine gelehrte Bibliothek, zumindest in Dingen des Vedānta, angelegt hatten. Ein Ashram hörte ja

---

[2] „Gesang Ramanas" – analog zu *Bhagavagītā*, „Gesang des Erhabenen" (d. h. Krishnas). *Śloka* – eine Form des Doppelverses, in der die Bhagavadgītā abgefaßt ist (s. Glossar).

sofort auf zu sein, was er ist, wenn er sich vom Ideal der Universität bestimmen ließe! Um in der eigenen Tiefe zu lesen, und nicht in Büchern, kommen Menschen in den Ashram. Nur dies ist hier zu lehren – jede andere Unterweisung wäre Täuschung.

Zuständig für die Bibliothek und auch dafür, die Besucher ins Zimmer des Mahānirvāna zu führen, war ein Sādhu, der aus dem Malayalam-Gebiet [3] stammte. Zuvor hatte er sich in Grotten des Berges aufgehalten, dann war er zum Ashram gekommen; lange Jahre hatte er zu den Schülern, die dem Maharshi persönlich dienten, gehört. An dem Tag aber, da sein Guru starb, war er in ein Schweigen, das zwölf Jahre dauern sollte, eingetreten. All dies wurde mir, als Antwort auf meine Fragen, mit ein paar Gesten erklärt. Dann saßen wir lange schweigend nebeneinander, wir beide, in diesem Raum des Nirvāna. Viele haben mir in jenen Tagen ausführlich von Srī Ramana erzählt. Wenige aber haben mir tatsächlich so vieles und so Wahres gesagt wie dieser Schweigende … Bei jedem meiner späteren Besuche in Tiruvannāmalai war er einer der ersten, die ich aufsuchte. Sein Gesicht strahlte, sobald er mich sah. Mit einigen Gesten fragte er, was es Neues gebe, mit einigen Worten antwortete ich, und dann setzten wir uns nieder – in einem Schweigen, das schwer war von dem, was Worte nicht aussprechen können.

Damals hatte ich eine wirklich providentielle Begegnung; aus ihr entsprang meine ‚Begegnung' mit dem Berg Arunāchala – für mich das bedeutendste Ereignis der kommenden Jahre. Srī Kuppusāmī Aiyar war ein Brahmane aus der Gegend von Tirukoyilur, der, um seine Familie zu erhalten, sein Leben mit allen möglichen Büroarbeiten bei Distriktgerichten zugebracht hatte. Gelegentlich besuchte er Srī Aurobindos Ashram in Pondichéry, häufiger aber war er hierhergekommen, um sich in der gesegneten Nähe Srī Ramanas zu sammeln. Als er das Pensionsalter erreichte, bot er dem Ashram seine Dienste an, und

[3] Malayalam wird vornehmlich im südwestlichen Bundesstaat Kerala gesprochen.

40

so lebte er nun hier seit einigen Monaten, Schreibarbeiten erledigend und Gäste betreuend.

Er half uns außerordentlich, den Ashram und seine Umgebung kennenzulernen. An einem Tag schickte er sogar einen seiner Söhne, uns zum Skanda-Ashram zu führen. Wir gingen den direkten Weg; doch für den Abstieg schlug unser Führer vor, den Pfad, der von der Stadt und dem großen Tempel heraufführte, zu nehmen. Wie groß war meine Überraschung, als ich auf diesem Rückweg am Berghang eine ganze Reihe von Einsiedeleien, von denen ich nichts geahnt hatte, entdeckte! Bereitwillig führte Ganesh uns überall hin, zur Grotte des Gurunamashivāya, die man in einen Tempel verwandelt hatte, einige kleine Zellen daneben, zur Einsiedelei des Sādai Sāmī beim Teich von Mulaippāl, und zu anderen Höhlen und Zellen, die Meditierende beherbergten. Das war wie Kassians Pilgerfahrt in der sketischen Wüste! Er machte uns mit einigen dieser „heiligen" Leute bekannt, so vor allem mit den schweigenden Frauen, deren Nachbar ich eines Tages werden sollte.

Das war eine wirkliche Offenbarung. Ich begann zu verstehen, was man mir früher über die Anziehung Arunāchala-Shivas und seines Berges gesagt hatte. Srī Ramana selber war so groß – was mußte es dann um diesen Arunāchala sein, der ihn angezogen hatte, und um sein Mysterium? War nicht auch Ramana schließlich nur einer von jenen, die im Laufe der Zeiten aus der unablässig sprudelnden Quelle tranken, die im Schatten des Berges das lebendige Geheimnis Arunāchalas in der Tiefe des eigenen Herzens entdeckt haben?

Zum Ashram zurückgekehrt, sprach ich zu Kuppusāmī von meinem Erstaunen. Und ich fügte hinzu: „Wie beneide ich sie, diese Menschen, die da im Bergesinnern leben, schweigend und allein!" – „Das würde Ihnen gefallen?" antwortete er sogleich. „Wenn Sie es wirklich wünschen, nichts ist leichter als das. Gerade ist eine Höhle frei, oberhalb des Tempels. Der Sādhu, der dort lebte, ist vor einigen Monaten gestorben. Die Erlaubnis, daß Sie sich dort einrichten, werde ich leicht von den Autoritäten des Tempels erhalten. Ganz gewiß werden Sie keinen günstigeren Ort für Ihr Tapas finden als Arunāchala."

So also wurde ich vom Anruf des Berges getroffen. Die erste List des verzaubernden Arunāchala. Anruf und List Liebender – Srī Ramana, der sie aus Erfahrung kannte, hat sie in der *Hochzeitsgirlande* (auch *Hundert Gedichte* genannt) besungen. Wer Arunāchala kennt, weiß, wie wahr alles ist, was Ramana von ihm gesagt hat. Der hat sein Herz schon verloren, der auch nur einen Augenblick innehielt, um dem Raunen des Arunāchala zu lauschen. Schon ist es Arunāchalas Beute, und unerbittlich bis ans Ende wird er damit spielen. Finsternisse nach Licht, Verlorenheit nach Umarmungen – niemals mehr wird er ihn loslassen, bevor er ihn nicht von allem entleert hat, was nicht der einzige Arunāchala ist, was noch darauf beharrt, ihn einen *andern* zu nennen; bevor er ihn nicht in den endgültigen Abgrund versinken ließ, ohne Wiederkehr verschlungen im strahlenden Licht seiner Morgenröte, *aruṇa* …

„Eines Tages hörte ich deinen Namen sagen,
   schon war es geschehen –
du hattest mich entführt,
   Arunāchala!
Du riefst mich, ich kam,
   was ich muß, ist nun geschehen!
Du hast mich von meinem Heim fortgelockt,
hast dich dann in mein Herz geschlichen,
es in deines eingehen lassen …

Als ich auf der Flucht zu dir kam,
fand ich dich aufrecht, ganz nackt,
   raumbekleidet.
Mein Gewand hast du mir abgestreift,
   ganz nackt mich hingestellt,
nur von deiner Liebe bekleidet.
   Täusche mich nicht länger –
   wenn du mich nicht umarmst,
   werde ich sterben.
Mein Leib ist die geheime Kammer,
   mein Herz das Hochzeitsbett;

legen wir uns zusammen nieder,
Arunāchala ...

Er lächelte mir zu,
eingehüllt in Gnade und Glanz,
als ich von ferne herankam;
doch als ich nahe war,
    mich ihm entgegenwarf,
    regte er sich nicht:
Regungslos stand er,
    fest in sich selbst,
in meinem Innersten ...
Ich war gekommen, mich von dir zu nähren,
und du hast mich verschlungen.
Ja, man weiß, daß du verschlingst
    die sich dir hingeben.

O wer kann jemals
    deiner Umarmung entgehen?
Du tratest bei mir ein, mich zu dir zu ziehen,
    hieltest mich gefangen
    in der Höhle deines Herzens.
Ist es für dich oder für mich,
    daß du mich so mir entrissen hast?
    Wenn du jetzt mich verlässest,
    schämst du dich nicht?
    Wie der Magnet das Eisen anzieht,
    es durchstrahlt und es festhält,
unerbittlich, so tatest du mir.
Wortlos sagst du mir: Sage nichts mehr,
    nicht sich regen, nichts tun,
    entschlafen in Freude,
    mein Schicksal, wer könnte es sagen,
    Arunāchala?"[4]

---

[4] Auszüge aus der *Hochzeitsgirlande,* freie Übersetzung aus dem Französischen bzw. Englischen.

Im nächsten Frühjahr dann konnte ich dem Ruf des Berges folgen. Ich verbrachte zunächst zwei oder drei Tage im Ashram, um die nötigen Vorbereitungen zu treffen. Der wirkliche Sādhu freilich hat nicht so viele Sorgen. Er kommt einfach, wie der junge Ramana, wirft alles fort, grüßt den Berg mit dem Añjali und setzt sich in die erste Felsenhöhle, die er gewahr wird. Ach, wieviel Zeit brauchen Menschen, die mit Körper und Geist beladen sind, damit sie einfach wieder sie selber werden, einfach wie ein Kind!

Am folgenden Samstag führte Kuppusāmī mich zu meiner Grotte. Das war eine sehr geräumige Grotte, tatsächlich die größte von allen Zellen am Berghang, die ich später besucht oder bewohnt habe. In einiger Entfernung umgab sie eine Dornenhecke; und meinem Vorgänger war es sogar gelungen, aus den Felsenspalten einige Sträucher wachsen zu lassen. Darum wurde er Kadappārai Sāmī, der „Mönch mit der Hacke" genannt, denn eben so, mit der Hacke in der Hand, wurde er zumeist von Besuchern angetroffen. Etwa 50 m unterhalb befand sich ein großer und tiefer Brunnen, den seine Verehrer hatten graben lassen – in Tiruvannāmalai ein seltener, beneideter Reichtum. Bei dem Brunnen stand eine strohgedeckte Hütte, wo Kadirvel, der Aufseher, mit seiner Frau lebte. Kadirvel empfing den Neuankömmling sehr freundlich. Erst später begriff ich, als welches Geschenk des Himmels dies ihm damals erschienen sein mußte: Ein Sādhu mit weißer Haut, der mußte voller Taler sein und bereit, sie auszustreuen. Und würden nicht auch Besucher in Scharen kommen und im Vorbeigehen reichliche Spenden in die Hand des treuen Hüters fallen lassen?

Für den Beginn wurde vereinbart, durch Kuppusāmīs Vermittlung, daß ich ihm jeden Samstag ein wenig Geld geben würde als Entgelt für Dienste wie Wasser holen, dafür, daß er den Zugang zur Grotte sauber hielt, notwendige kleine Besorgungen erledigte. An meinem ersten Tag in der Grotte war Kadirvel so geflissentlich um mich besorgt, daß ich mich wirklich fragte, wie ich mich von so lästiger Dienstbereitschaft würde befreien können. Plötzlich kam mir die Idee, daß ich nur einfach ihm nicht zu antworten brauchte. Von da zu der anderen Idee, das Schweigen nicht nur gegenüber Kadirvel, sondern gegenüber jedermann zu beobachten, war es nur ein Schritt, der schnell getan war.

So also begann ich meine erste Zeit großen Schweigens. Arunāchala hatte das Spiel wunderbar geführt. Er wollte, daß meine Aufmerksamkeit nicht abgelenkt würde von wem auch immer. Der Abend senkte sich über den ersten Tag, da Arunāchala mich in sein Felseninneres aufgenommen hatte[5]. Die Grotte öffnete sich genau nach Osten, zur aufgehenden Sonne hin. Drunten breitete sich die Stadt aus, um den Tempel von Annāmalaiyār.

Wenn die Sonne hinter dem Gebirgskamm versank, begann Schatten den Eingang der Grotte zu bedecken, er glitt über die Zugangswege hinab, senkte sich auf die Hütte des Wächters, erreichte den Tempel, die Stadt, bald auch das weite Land, bis schließlich Arunāchalas gewaltiger Schatten bis zum Horizont reichte. Am Eingang meiner Grotte stehend, schaute ich, wie der Schatten niederstieg und sich ausbreitete. Die Einsamkeit schreckte mich nicht; auch nicht der Gedanke, daß zweifellos allerlei Getier, für das der Mensch gewöhnlich wenig Sympathie hat, unter den Steinen und im Gebüsch hauste. Doch was sollte ein Sādhu fürchten? Soll nicht sein Herz vielmehr in Harmonie und Sympathie mit allen Wesen des Universums sein? Trägt nicht Shiva, der König der Asketen, eine Kette von Kobras um den Hals?

Dieses mein Sādhu-Sein selbst brachten mir das Dunkel und die Weihe der Stunde mit umstürzender Gewalt zum Bewußtsein.

Einige Monate zuvor hatte ich das Gewand des Sannyāsa angelegt. Es schien mir am besten dem Leben, das ich führte, zu entsprechen, und man hatte mich sehr dazu ermutigt. Die

---

[5] In seinem Tagebuch schreibt Abhishiktānanda am 31. März 1952: „Erinnerungen meines ersten Tages. Tiefe Freude, tiefer Friede. Kaum Hunger gefühlt. Jetzt bin ich bereit, wenn es dem Herrn gefällt, für immer ein hindu-christlicher Mönch zu sein. Einsamkeit, Schweigen, Armut."

mich tadelten, taten es aus Unverständnis. Für sie war der Sādhu in Indien nur noch ein Gegenstand der Verachtung: gewiß waren sie in ihrem ganzen Leben immer nur als Sādhus verkleideten Bettlern begegnet. Schließlich aber, was sollen Gloriole und Ansehen bedeuten, wenn es darum geht, dem göttlichen Ruf zu folgen? Mit dem Kleid hatte ich natürlich auch die charakteristischen Anforderungen des Sannyāsa angenommen, z.B. ausschließlich vegetarische Ernährung – der Zölibat versteht sich von selbst, auch für den christlichen Mönch. Dennoch war ich noch weit davon entfernt zu verstehen, auf was ich mich eingelassen hatte, mit Leib und Seele, als ich das indische Zeichen des großen Verzichts anlegte. Hätte ich noch einige Jahre gewartet, hätte ich vielleicht niemals die Kühnheit gehabt; ich wäre mir zu unwürdig vorgekommen und zu schwach, die Verpflichtungen mit der gebotenen Strenge zu erfüllen.

An jenem Abend nun in der Grotte von Vannatti dachte ich, daß es doch gewiß sehr gut sei, in meinem *kāvi*-Tuch [6] hier zu stehen, einsam und schweigend, von allem Komfort des Lebens entblößt, mehr als je zuvor. Und doch ...

Wie wenn ich nicht für einige Wochen hier wäre, sondern für *immer*, wenn ich nicht die Mittel besäße, sobald ich „genug hätte", den nächsten Zug zu nehmen, dessen Lichter ich am Horizont ahnen konnte –

wenn niemand wüßte, daß ich hier bin, oder schlimmer noch: wenn es auch jemand wüßte, daß es ihn nicht kümmerte –

wenn niemand käme, sich niederzuwerfen, niemand irgendein Interesse an meinem Tapas nähme –

und ich hätte nicht den ergebenen Kuppusāmī noch einen anderen Freund, der sich nach meinen Wünschen erkundigt und sie zu erfüllen sucht –

und da wäre kein Muthaiāh Chettiār, in dessen Haus mir

ehrfürchtig das Mittagsmahl geboten würde, und kein anderes Haus, bereit, mich zu empfangen –

und ich hätte auch kein Kleingeld, mir die verschiedenen Dinge zu kaufen, von denen ich mir einbilde, sie nötig zu haben –

daß ich vielmehr um all das von Tür zu Tür betteln gehen müßte, jeden Mittag, die Schale in der Hand, um die für die Erhaltung dieses Leibes notwendigen paar Handvoll Reis zu erhalten, bis zu dem Tag, an dem es dem Herrn gefällt, mich von meiner Wache abzuberufen –

daß ich dies aber nicht empfinge als Gabe, die der Gläubige mit Andacht und Demut gerne dem Gottesmann reicht, sondern dem zudringlichen Bettler hingeworfen, um ihn loszuwerden, so wie ich selber es oft getan hatte –

und daß dann mein Friede so vollkommen sei wie in dieser großen Stunde und nichts die Fülle meiner Freude beeinträchtige –

nur dann, dachte ich, wäre ich würdig, das Kleid des höchsten Verzichts zu tragen und, sei es auch nur für einige Tage, in dieser gesegneten Grotte zu leben.

Es schien mir, daß ich im Grund meiner Seele den Ruf zur totalen Entblößung vernähme, den Ruf, der den jungen Ramana in den Höhlen von Arunāchala unbeweglich erstarren ließ, der 200 Jahre zuvor Sadāshiva Brāhman unaufhörlich an den Ufern der Kaveri hatte dahinwandern lassen, nackt und stumm wie im Mutterschoß:

der Ruf zur völligen Entblößung,
das ist der Ruf zur völligen Befreiung,
denn frei ist nur der, der nichts hat,
gar nichts, das er sein nennen könnte …

Das *maunam*, das Schweigen, das ich ohne Vorbereitung und fast zufällig auf mich genommen hatte, erwies sich bald als der Träger besonders kostbarer Gnaden. Zunächst wahrte ich es zwei Wochen lang, dann, nach einer Unterbrechung von einigen Tagen, für einen ganzen Monat[7]. Natürlich war das sehr wenig im Vergleich zu dem, was die tun, die jahrelang im Schweigen verharren: der bereits erwähnte Muni des Ashram, die Einsiedlerinnen am Berg, der arme Betusāmī, für den das Schweigen über seine Kräfte ging, und so viele andere.

Das schönste Beispiel der Treue zum Schweigen wurde mir aber später mitgeteilt – von einem bengalischen Sādhu, in dessen Nähe ich meine Einsiedelei am Ganges-Ufer im Himalaya eingerichtet hatte. Prajnanāth-jī war ein Mann von hervorragender Bildung. Neben seiner Muttersprache Bengali sprach er fließend Hindi, Sanskrit und Englisch; er war sogar vom Rāja von Tehri-Garhwāl gebeten worden, die Justizverwaltung in seinem Gebiet zu übernehmen. Er hatte einen Ashram in Uttarkāshī und einen anderen in Gangotrī, an der Ganges-Quelle. Er hatte auch eine Wallfahrt zum Kailāsh[8] gemacht und hierüber einen sehr schönen Bericht in Hindi geschrieben. Er erzählte mir, wie er zu Beginn seines Tapas das Gelübde getan habe, zehn Jahre lang zu schweigen und während eines ganzen Jahres auch nicht die kleinste Geste, die das Wort ersetzen könnte, sich zu gestatten. Damals lebte er in der Einsamkeit bei Prayāg (Allahābād), dem Ort des Zusammentreffens der drei heiligen Ströme: Gangā, Yamunā und der unsichtbaren Sarasvatī. Eines Abends ging er durch den Dschungel, tat einen

---

[7] Am 6. April 1952 schrieb er in sein Tagebuch:
„Im Schweigen lehrst du mich Schweigen, o Arunāchala,
Du, der Du Dein Schweigen niemals verläßt.
Laß mich nicht vergeblich in Deine Höhle gekommen sein,
daß von ‚meinem', von ‚mir' nichts jemals mehr sei,
daß in Dich ich eintrete, daß Du ich werde –
nun nicht mehr ‚in Dir' oder ‚du',
auch das genügte mir nicht mehr.
Denn Du sagen heißt Ich sagen,
und von *mir* hast selbst die Spuren Du aufgezehrt.
Dein Ich allein *ist*, o höchstes Selbst,
in Dir sage ich ‚*Brahma aham asmi*' und vergehe.
… *Qui perdit animam salvet* … „Wer sein Leben bewahren will, wird es verlieren, und wer es verliert, wird es retten" (Lk 17,33).
[8] Sanskrit *Kailāsa*, heiliger Berg Shivas im heutigen Tibet.

Fehltritt und fiel in eine Grube, aus der er nicht allein herauskommen konnte. Der Fuß war gebrochen, und er litt schreckliche Schmerzen. Niemand hatte ihn fallen sehen, und natürlich sorgte sich niemand um ihn. Ein Hilferuf hätte das Gelübde verletzt. Stoisch blieb er so, ertrug Hunger, Durst und heftigen Schmerz, bis schließlich nach drei Tagen der Herr sich seines armen und mutigen Dieners erbarmte und einen Menschen an der Stelle vorbeigehen ließ, welcher ihn sah und ihn befreite. Das erzählte er mir mit größter Einfachheit, als ich ihn nach einer Deformation an seinem Fuß fragte – die stammte eben von jenem Sturz und von der zu späten Versorgung.

Die Besucher, die kamen, halfen mir gewiß in psychologischer Hinsicht, das Schweigen zu ertragen, zumindest in den ersten Tagen; denn wenn man erst einmal wirklich darein eingetreten ist, wird das Schweigen um seiner selbst willen geschätzt und geliebt. Es ist, als ob jeder Tag des Schweigens dich immer weiter entfernte von deinen gewohnten ‚Orten‘ – so wie ein Schiff, das sich vom Land entfernt, es bald hinter dem Horizont zurückläßt, ja schließlich so weit fort ist, daß das Land nur noch wie ein längst vergangener Traum erscheint. Der Geist, befreit von den äußeren Reizen, welche ihm jeder Augenblick des gewöhnlichen Lebens aufdrängt, zieht sich auf sich selber zurück, auf das einzig Wesentliche, und wird von einer Klarheit und Durchsichtigkeit, wie sie anders kaum vorstellbar ist. Das Schweigen ist wie das Fasten und die Einsamkeit: Man muß sich entschlossen hineinbegeben, die Brücken abbrechen, fröhlich und ohne zurückzuschauen. So ist es auch mit dem großen inneren Schweigen, davon das erstgenannte nur ein Zeichen ist, bestenfalls der Vorhof, so mit dem Fasten des Denkens, so mit der unaussprechlichen Einsamkeit des Selbstes im Innern. Wer sich widerwillig oder auch nur mit Vorbehalt und Furcht hineingibt, wird nie in der Lage sein, die Unermeßlichkeit des Friedens, der hier verborgen ist, zu erfahren. Der Geschmack dieser Erfahrung – wie der eines reinen Wassers, einer Luft, die so rein ist, daß sie keine empfindbare Besonderheit mehr hat – ist dem vorbehalten, der alles gegeben hat und der frei von allem, zumal von sich selber, ist.

Es verging kaum ein Tag, an dem ich nicht irgendeinen Besucher in meiner Grotte empfing. Kadirvel selbstverständlich, der jetzt mein Schweigen respektierte und sich höchst feierlich vor mir niederwarf. Auch der treue Kuppusāmī ließ kaum einen Tag vorübergehen, ohne sich zu erkundigen, ob mir auch nichts fehle. Oft kamen auch Kinder herauf, mich zu sehen. Des Abends, nach der Schule, manchmal kamen sie in Gruppen, sie machten das große Namaskāram, setzten sich artig im Lotossitz nieder, schauten mich an. Ich schaute sie an, wir lächelten einander zu. Nach einiger Zeit gab ich ihnen ein Zeichen, sie möchten wieder hinuntergehen; sie standen auf, wiederholten den Gruß und gingen still fort.

Gelegentlich kamen auch weniger uneigennützige Besucher – wie der junge Sādhu, der eines Morgens kam, sich mit großer Gebärde niederwarf, die Arme nach vorne gestreckt, seine Wangen klopfte und dann eine Verneigung ausführte, wie sie normalerweise dem Kult Ganapatis vorbehalten ist. Er begann zu sprechen. Ich gab ihm ein Zeichen, daß ich im Schweigen sei. Als geschulter Novize war er sofort still und gebrauchte eine Zeichensprache, nicht weniger ausdrucksvoll. Er zeigte mir seinen *dhoti*[9], der sich tatsächlich in erbarmungswürdigem Zustand befand. Ich zeigte ihm den meinen, der kaum besser war. Darauf erhob er sich, knüpfte den Dhoti auf und drehte sich um sich selbst, um mich zu überzeugen, daß sein ganzes Vermögen auf dieser Welt in diesem Lumpen bestünde. Meine Antwort war eine Eingebung: Ich stand auf, löste mein Tuch, drehte mich und setzte mich wieder. Der Sādhu verließ mich.

Eines anderen Morgens saß ich vor meiner Grotte. Zur Linken des Eingangs war, einige Fuß erhöht, eine kleine Plattform; durch einen Felsvorsprung vor der Sonne geschützt, sah sie von weitem wie eine Nische aus. Ich saß oft dort. Und da be-

---

[9] Baumwolltuch, um die Hüften gebunden, das normalerweise bis auf die Füße herabfällt.

fand ich mich – ich weiß nicht mehr, was ich las oder schrieb –, als Kadirvel in Begleitung eines Polizisten die Felsentreppe heraufkam. Kaum hatte dieser die Gestalt in der Nische gesehen, warf er sich der Länge lang auf dem Steinboden nieder. Er wußte von meinem Schweigegelübde und versuchte nicht, mich zum Sprechen zu bringen; auf ein Blatt Papier schrieb er seinen Auftrag: meinen Reisepaß zu prüfen. Ich las den Text, ging in die Grotte, reichte ihm die gewünschten Dokumente, gab schriftlich die ergänzenden Auskünfte. Der Polizist dankte, machte wieder sein Namaskāram und entfernte sich.

An einem Nachmittag war ich gerade eben nach der Mahlzeit von der Stadt heraufgestiegen. Eine drückende Hitze, kein Lüftlein regte sich. Die Sonnenstrahlen stachen vom Zenit herab und wurden von den Felsen ringsum erbarmungslos zurückgeworfen. Ich saß in der Tiefe der Grotte, nur mit einem Leintuch um die Hüften. Eine Gestalt erschien in der Türöffnung – die Tür war winzig wie bei allen Grotten, man konnte nur ganz tief gebückt eintreten. Kleidung und Bewegung ließen einen Europäer ahnen. Einen Augenblick hielt er inne. Die Augen noch von der Sonne, aus der er kam, geblendet, konnte er nur schwer die bleiche Silhouette im rückwärtigen Winkel der Höhle erkennen.

Er fragte, ob er eintreten dürfe. Auf mein bejahendes Zeichen hin machte er sich die Mühe, die Schuhe aufzuschnüren, und dann tastete er sich vorwärts in Richtung auf die undeutlich gesehene Gestalt, womöglich ohne Kopf oder Rücken an Vorsprüngen des überhängenden Felsens sich zu verletzen. Herzugekommen, setzte er sich, so gut es eben ging. Als er verstanden hatte, daß ich das Schweigen wahrte, zog er seinen Notizblock heraus und schrieb. Er war Holländer, Universitätsprofessor in Djakarta, Indonesien. Anläßlich eines Kongresses hatte er einige Wochen in Indien verbracht, nun war er im Begriff heimzukehren. Für ihn schien die halbnackte Gestalt, die er in der Finsternis der Grotte mehr ahnte als sah, schon immer dagewesen zu sein, reglos und stumm, schon immer. Er griff aufs neue zum Papier und schrieb: „Die Gnade des Herrn

Jesus geleite Sie in Ihrem einsamen Leben! Sie führe Sie in das unvergängliche Licht!" Dann grüßte er und wandte sich zu gehen.

Die Versuchung, ich gestehe, war groß gewesen, *trotzdem* zu sprechen. Was hätte man von ihm lernen können; welch ein Austausch der beiderseitigen Sehweisen! Zudem war er selber eine Seele, die bereits die göttlichen Mysterien empfand – hätte nicht auch er gewonnen durch Worte über Gott, in solchem Augenblick und an solchem Ort?

Jedoch, was hätte *wirklich* der Professor von dem Muni lernen können, das dieser ihm nicht viel sicherer noch durch das Schweigen vermittelte? Und was hätte von dem Professor der Muni erfahren, das ihn nicht aus sich herausgeholt und vom Wesentlichen abgelenkt hätte?

Jeden Mittag, wenn die Sirene in der Stadt ertönte, stieg ich hinab, um mein Essen zu empfangen. Kuppusāmī hatte Srī Muthaiāh Chettiār, einen der Verwalter des Tempels, gefragt, ob ich an den täglichen Reis-Verteilungen im Tempel teilnehmen könne. Srī Chettiār hatte geantwortet, daß sie kürzlich eingestellt worden seien, daß aber sehr gerne er selber dem neuen Gast der Grotte von Vannatti die *bhikṣā*, das Almosen, geben würde. Und so empfing ich also drei Monate lang täglich die Bhikshā bei ihm, außer an Freitagen, meinen Fasttagen. Sein Haus war östlich des Tempels, nicht weit vom Fuß des Berges. Er selbst war ein sehr frommer Mann. Ich erinnere mich noch, mit welcher Freude er mir eines Tages erzählte, daß er soeben zum Präsidenten des *devasthānam*, des Verwaltungskomitees des Tempels, gewählt worden sei, also den gesamten irdischen Besitz des Herrn Arunāchala zu betreuen habe. Es war offensichtlich, daß ihn nicht die Ehre des Amtes in den Augen der Menschen interessierte, sondern der Dienst der Schutzgottheit seiner Stadt, wozu diese Ernennung ihn berufen hatte. Eines andern Tages war ich im Tempel, und er nahm mich nicht wahr; er nahm niemanden wahr, so sehr war er im Gebet vertieft. Auf seinem Rundgang durch das Heiligtum war er soeben zum Bild Ganapatis zur Linken des großen Eingangstores gekommen. Ich werde nie vergessen, mit welcher Innigkeit er das heilige Bild betrachtete, aufrecht stehend, Auge in Auge.

Im Hause lebten mit ihm seine Mutter, seine Frau, zwei Mädchen und ein kleiner Bub von vier oder fünf Jahren. Wenn ich kam, meine Mahlzeit zu erhalten, war er selber zumeist nicht da. Er kam erst gegen 1 Uhr aus dem Büro. Doch seine Frau oder seine Mutter bedienten mich stets mit großer Ehrerbietung.

Während der 15 oder 20 Minuten, die ich so im Hause zubrachte, hörte man wohl fünf- oder zehnmal den Ruf der Bettler, die nach etwas zu essen verlangten. Meistens war es der Anruf „amma, amma" (Mutter), manchmal ein Händeklatschen, der Ton eines Glöckchens, ein Vers oder Kehrreim.

Ich bewunderte, wie jedes Mal die Mutter oder die Gattin ohne das geringste Zeichen von Ungeduld ihre Arbeit oder ihr Gespräch unterbrachen und zur Küche gingen, um für den an der Tür wartenden Armen etwas zu holen.

In Indien gibt es keine Wohltätigkeit – sagt der Europäer oft, weil er sie sich nur in der institutionellen Form, die sie im Westen angenommen hat, vorstellen kann. Doch ist Speise zu reichen eine der fünf grundlegenden Pflichten des Hausvaters, des fünffachen „großen Opfers" *(mahāyajña)* an Brahman, die Devas, die Verstorbenen, die lebenden Menschen, die anderen Geschöpfe. Müßte man nicht manch anderes hinzufügen – den Bau von Wasserbehältern, von Hallen oder Mandapams für Reisende, Unterkünften für Pilger, all die Werke der Barmherzigkeit, zu denen diejenigen, die in dieser Existenz an Gütern begünstigt sind, sich verpflichtet fühlen. Gewiß, heute erkennt man, daß solche Pflichten der Nächstenliebe einfach aus Gerechtigkeit geschuldet sind. Doch dürfen Christen hierüber anderen Vorwürfe machen – sie, die um solches im Evangelium zu entdecken zwanzig Jahrhunderte brauchten und die Ankunft des Sozialismus?

Nach meiner Mahlzeit pflegte ich zum Gemüsemarkt hinunterzugehen, die paar Bananen oder Süßkartoffeln zu kaufen, mit denen ich meinen Hunger am Abend betrügen würde. In der Zeit meines Schweigens genügte es, einfach meine Münze zu zeigen, und der Händler verstand. Schnell hatte ich auch den großzügigen Händler gefunden, der mir für meine ‚zwei Sous' fünf Bananen statt vier gab. Er erwartete mich; sobald er mich kommen sah, waren die Bananen bereit. Dann stieg ich wieder zu meiner Grotte hinauf – manchmal nach einer kurzen Rast in einem der Tortürme *(gopura)* des Tempels[10].

Abends stieg ich oft noch einmal hinab, für eine Stunde oder zwei, um ein wenig zu wandern, nun aber außerhalb der Stadt. Eines Abends, als ich am Fuß des Berges, hinter Pāvalakundru, über das unbebaute Land ging, sah ich eine Gruppe von Knaben, die sehr mit mir beschäftigt schienen und offenbar mich ansprechen wollten. Ich wollte sie vermeiden und ging, in einiger Entfernung mich auf einen Stein zu setzen. Bald hatten sie mich eingeholt. Sie stellten eine Menge Fragen. Ich bedeutete ihnen, daß ich nicht spräche. Sie gaben nicht auf, drängten mich, wenigstens zu schreiben. Ich wollte nicht – vergebens. Alsbald hatte ich ein Blatt Papier und einen Füllhalter in der Hand. Auf dem Papier stand auf Englisch: „Seien Sie so gut, uns zu sagen, woher Sie kommen."

Ich schrieb zwei, drei Zeilen und reichte das Blatt den Knaben. Sie machten große Augen, als sie das Blatt vom einen zum andern weiterreichten, und schauten mich noch erstaunter an. Auf ihre englische Frage hatte ich in Tamil geantwortet: „Wie ihr, komme ich von Gott; wie ihr, gehe ich zu Ihm; alles andere ist ohne Bedeutung."

Sie blieben noch eine Weile und stellten die unwahrscheinlichsten Vermutungen über mich an. In meinem Sack entdeckten sie einen kleinen irdenen Topf, den ich gerade gekauft hatte. Sie schlossen, daß ich in ihm meinen mittäglichen Reis erbettle. So ging es immer wieder: Jedermann meinte, daß

---

[10] Im ersten Entwurf zu diesem Buch schrieb er: „Während dieser ersten Erfahrung der Einsamkeit las ich viel, auch sehr schwierige Bücher. Wenn der Einsiedler mit dieser neuen Lebensform beginnt, ist das absolut notwendig, um die von den Anachoreten der Thebais so gefürchtete Langeweile zu vermeiden. Später empfindet man dieses Bedürfnis immer weniger, denn immer mehr entdeckt man das Wunder des Lebens ‚allein mit sich *selbst*'."

meine Tugend dem Stand, zu dem ich mich bekannte, entspreche; und das Tapas, das man von den glühendsten Sādhus erwarten darf, setzte man bei mir voraus.

Meine Grotte war in jeder Hinsicht ein wunderbarer Ort für Gebet und Meditation[11]. Tagsüber, wenn es heiß war und das Echo des Berges die Geräusche der Stadt zurückwarf, blieb ich im Innern. Abends und morgens stieg ich auf die kleine Terrasse, von der schon die Rede war, oder auch auf den die Grotte überragenden Felsen, wo man nur mit Händen und Füßen hinaufklettern konnte.

Hier erwartete ich in der Morgendämmerung die Sonne, die gerade vor mir zwischen den Gopuras des Tempels aufging. Mit den alten syrischen Christen sang ich dem in seiner Herrlichkeit auferstehenden Herrn das *Gloria*. Und am Abend, wenn bereits alles im Schatten lag und hoch oben auf den Gopuras die nächtlichen Lichter entzündet wurden, war es ganz natürlich *Phôs hilaron*, ihr Hymnus an Christus, ungeschaffenes Licht und Quelle aller Freude, der mir auf die Lippen kam.

Zu jener Zeit war es mir noch ein Bedürfnis, mit lauter Stimme dem Herrn zu singen. Später sammelte Arunāchala mich in sich und ließ mich den innersten Hymnus des Schweigens entdecken, ihn, der allem Gesang des Menschen oder auch der Schöpfung zugrunde liegt, den wesentlichen Hymnus, den kein Gesang von Lippen je ganz zum Ausdruck bringen kann, wie gewaltig oder besser: wie still solcher Gesang auch sein möge. Und wenn manchmal, an besonderen Festtagen, jene Gesänge, die mir früher so viel geholfen hatten, mir in Erinnerung kamen, fühlte ich mich gedrängt, sie, wenn schon nicht laut, so wenigstens leise vor mich hin zu singen, doch es war zu spät: ihre Zeit war abgelaufen, wie auch die der Freuden, welche sie gebracht hatten. Vom Grunde des Herzens her hörte ich einen anderen Gesang – jenseits aller Aufschwünge der Sehnsucht oder auch aller Ruhe, die man noch

---

[11] Am 2. Juni notiert er in seinem Tagebuch: „Es handelt sich nicht darum, zur Erkenntnis Gottes oder zur Gegenwart Gottes zu gelangen, sondern einzusehen, wahrzunehmen, daß diese Gegenwart *ist*."

empfinden kann. Arunāchala ist unerbittlich. Er entzieht alles, nimmt alles, er entreißt jeden Stützpunkt, an dem man sich noch festklammern möchte: Denn so wollte er den, den er gerufen hat, und so wird er ihn entlassen – frei und bloß in der Einsamkeit seines Herzens, frei und bloß in der Freiheit und Bloßheit des Selbstes.

Arunāchala, erbarmungsloser Guru,
    du hast mir alles genommen,
    das ich bisher liebte,
        alles,
    das ich bisher schmeckte,
        alles,
    darauf ich mich bisher stützte,
    die Dinge dieser Welt und die Dinge der anderen,
    und du hast mich schwebend aufgehängt,
        nackt und frei
    in der Einsamkeit des *Kevala*,
    inmitten des Abgrunds,
        im Schoß der Tiefe,
        dein Herz, o Arunāchala!

Als die Tage meines Schweigens beendet waren, beschloß ich, jene Menschen aufzusuchen, Sādhus oder andere, die den Maharshi gekannt hatten und die gewiß besser als jedes Buch etwas von seinem Geist mir würden vermitteln können.

Ich sprach schon von der Art Kolonie, die im Schatten des Ashram entstanden war. Als des Maharshi Mutter starb, begrub man sie in dem unbebauten Land im Südwesten der Stadt, welches für Beerdigungen und Einäscherungen zur Verfügung stand. Niranjana Swāmī regte an, daß man bei dem Grab der Mutter eine Hütte errichte, und bald auch, daß sein Bruder dort wohne. So wurde nicht nur der Verehrung des Jüngsten für seine Mutter genuggetan, sondern gleichzeitig auch den Pilgern der Besuch beim Maharshi erleichtert.

Bald mußte man den Platz einzäunen, um in der Gegend umherstreifende Panther fernzuhalten und auch Schakale, die besonders Begräbnisstätten aufzusuchen pflegen. Ein Verehrer aus Bengalen, der dann bald in der Nähe einen Bungalow für seine Mutter baute, stiftete eine 10 Fuß hohe Mauer; doch das genügte nicht, man mußte noch mehrere Reihen Stacheldraht hinzufügen. Im Jahr 1950 war all dies nur noch Erinnerung. Panther und Schakale hatten sich schließlich damit abgefunden, den Platz den Menschen zu überlassen, und die Toten folgten ihrem Beispiel und zogen zu einem 2 km entfernten Platz, um verbrannt oder begraben zu werden. Von nun an konnten Pilger und Schüler des Maharshi sich ohne Furcht in seiner Nähe aufhalten.

Die ‚Vornehmen‘ der Kolonie hatten den Grund gekauft und Häuser errichtet. Einige hatten sogar Wohnungen für zu Besuch kommende Schüler bauen lassen, welche sie je nach dem Fall vermieteten oder unentgeltlich zur Verfügung stellten. Diejenigen, die über keine finanziellen Mittel verfügten, waren Gäste von Pālakothu, einem Garten mit Teich hinter dem Ashram. Der Garten gehörte zu dem großen Tempel, und für eine nominelle Zahlung erlaubte man den bona-fide-Schülern, hier ihre Hütte aufzustellen. Manche von ihnen wurden auch von den wohlhabenderen Schülern, die auf der anderen Seite der Straße wohnten, unterstützt.

Von allen einzeln zu sprechen, wäre langweilig und zudem indiskret. Es begegneten einem hier die verschiedensten Menschen aus ganz Indien und auch von jenseits der Meere. Zweifellos sie alle aufrichtig in ihrer Verehrung für den Maharshi, was nicht ausschloß, daß sich gelegentlich ein Körnchen Snobismus oder Selbstgefälligkeit beimischte – in etwa geschieht das ja wohl überall in der Welt in der Umgebung von Meistern und berühmten religiösen Institutionen … Ist nicht gerade die Frömmigkeit das feinste und zugleich sicherste Mittel für das verfolgte Ego, seinen Ehrenplatz wiederzugewinnen?

Einer der echtesten Schüler war jedenfalls jener englische Major[12], der eines Tages von den Balearen her nach Tiruvan-

---

[12] Major Chadwick.

nāmalai kam und blieb – zu des Maharshi Füßen bis zu dessen Tod. Danach versuchte er, durch Indien zu reisen, um den Schwierigkeiten der Nachfolge zu entgehen. Doch er konnte nicht in der Ferne bleiben, sein Herz war an Arunāchala gefesselt. Er baute sich ein Landhaus hinter dem Samādhi, um hier seine letzten Lebensjahre zu verbringen; er widmete seine Zeit und Kraft der Entwicklung des Ashrams, der Errichtung einer vedischen Schule, auch den liturgischen Feiern, die er erweiterte. Seltsam, der kompromißlose Advaitin von einst hatte sich zum Zeremonienmeister gemausert.

Da war auch ein irakischer Jude[13], der seit vielen Jahren nahe dem Ashram wohnte. Sein Vater war Rabbiner; er selbst hatte eine erstklassige französische und hebräische Ausbildung erhalten dank der „Universalen Israelitischen Allianz". Mit ihm hatte ich einige meiner besten Gespräche über die Lehre des Maharshi. Auch er war absolut aufrichtig; er lebte arm, hielt sich fern von allen Gruppenbildungen und hatte keinen Ehrgeiz, sich einen Namen zu machen. Jeden Abend ging er für eine Weile der Sammlung zum Samādhi, die übrige Zeit verbrachte er in seinem bescheidenen Haus meditierend und arbeitend. Vielleicht war er etwas zu intellektuell – aber jedenfalls hatte er Srī Ramanas Lehre besser als viele andere verstanden. Es fiel ihm wohl schwer, meine Einstellung anzunehmen, doch er bewahrte mir seine Wertschätzung und las mir Kapitel um Kapitel der Erinnerungen an seinen Meister vor, welche er damals als Buch vorbereitete: *Guru Ramana.* Ein Vorwort berichtete von seiner eigenen Geschichte oder vielmehr, wie er sagte, von der Eroberung seiner störrischen Seele durch Srī Ramana. Wenn man ihn, den jetzt so strengen Advaitin, sah und hörte, konnte man sich kaum vorstellen, wie er als kleiner Bub allmorgendlich den Vater zur Synagoge begleitete, auch durch Schnee und Wind, die ganze Bibel auf Hebräisch auswendig konnte!

Ganz nahe seiner bescheidenen Wohnung lebte mit ihrer al-

---

[13] S. S. Cohen.

ten Mutter eine indische Dame der hohen Gesellschaft [14]. Es war bewegend, sie über Ramana sprechen zu hören wegen ihrer Überzeugtheit und tiefen Verehrung. Sie war bereit, alles zu tun, um Ramana bekanntzumachen und seinen Geist zu verbreiten. Sie hätte sich gerne dem Ashram ganz zur Verfügung gestellt, um für alles zu sorgen, gleichsam die *Mā*, die Mutter zu werden, wie einige sagten; doch nicht alle waren damit einverstanden. Schweren Herzens war sie gegangen, doch bald zurückgekommen; auch sie konnte nirgendwo anders als an dem durch die Gegenwart des Meisters geheiligten Ort Ruhe finden. Wenn ich sie besuchen kam, hatte sie immer eine Kleinigkeit mir anzubieten: eine Frucht aus dem Garten, ein frisches Getränk oder etwas Gebäck. Auch sie übte den Weg des Jñāna und erklärte mir mit aller ihr zu Gebote stehenden Überzeugungskraft, daß die Verwirklichung des *Selbstes* nur durch das Sterben des Ich zu erreichen sei. Sie betonte immer wieder: „Der Verstand muß verschwinden, das Manas muß erschlagen werden ..."

Man hatte mir geraten, eine bestimmte europäische Familie, die nahe beim Ashram wohnte, kennenzulernen.

An jenem Nachmittag war ich zuvor im Ashram gewesen – für meine Sanskrit-Stunde bei Dr. Achārya, einem Brahmanen aus Gudjarat, der damals die Freundlichkeit hatte, mich in den Text und den Gesang der *Bhagavadgītā* einzuführen. Wir hatten einige uns schwierig erscheinende Verse des zweiten Kapitels gelesen und besprochen.

Dann ging ich zu dem Bungalow, wo ich erwartet wurde. Wir nahmen den Tee, in bequemen Sesseln sitzend, während wir gebührend über die höchsten Themen der Philosophie und Spiritualität uns unterhielten. Beim Gespräch über Jñāna und Bhakti erklärte man mir, daß es ein großer Irrtum sei, Srī Ramana eine Bevorzugung des Jñāna-Weges zuzuschreiben – jener unerbittlichen Suche nach dem Selbst in sich selbst, die alles Denken, jedes Bild, jedes Gefühl ausschließt. Ramana

---

[14] Mrs. Taleyarkhan.

hatte ebenso zum Weg der Bhakti geraten. Was könne es Erhabeneres geben als das Lob Bhagavāns zu singen, an ihn zu denken, vor seinem Bild sich niederzuwerfen? Wer könne einen höheren Heilsweg sich vorstellen?

Tee und Kuchen waren so köstlich, die Verehrung meiner Gastgeber für Ramana war so klar und frei von Problemen, daß es wirklich ungehörig gewesen wäre, ihren Standpunkt zu bestreiten, außer mit einigen diskreten, ganz kurzen Fragen. Man sprach gerade von der Gītā. Ich erwähnte die Schwierigkeiten der Auslegung, denen gerade vor einer Stunde mein Sanskrit-Professor selber begegnet war. „Schwierigkeiten in der Gītā", rief meine Gastgeberin aus, „das ist undenkbar ..." Wir ließen die Gītā und sprachen von Shankarācharya. Wiederum – ich weiß nicht, welcher Anfall von Demut mich trieb einzugestehen, daß ich einen bestimmten Punkt in dem metaphysischen System des großen Philosophen nicht recht verstünde. Diesmal war es die Tochter, die einwarf: „Ist es möglich? Shankaras System ist doch klar wie Quellwasser!?"

Das hieße also, daß das Absolvieren der Volksschule einen befähigt, aperto libro Husserl oder Martin Heidegger zu verstehen ...

Eilig unterdrückte ich sowohl mein Wissen wie meine Unwissenheit, und ich begann mit dem Hausherrn ein Gespräch über die Photographien, die er vom Maharshi aufgenommen hatte, von denen einige ausgezeichnet waren.

Die echtesten Schüler Ramanas waren die zurückhaltendsten. Einige lebten im Ashram in unscheinbaren Funktionen; andere lebten ebenso unauffällig auswärts, da und dort – so der alte verehrungswürdige Kuppu Sastrī, der von seinem Meister Ganapati Muni zu Ramana gebracht worden war und der mir ganz wunderbar von beiden sprach.

Auch Sundaresa Aiyar war ein alter Brahmane von Tiruvannāmalai. In seinen Jugendtagen, als er zur Schule ging, war er jeden Abend den Berg hinaufgestiegen, um das Darshana des Swāmī in der Grotte von Virupaksha zu haben. Als er dann seinerseits Professor geworden war, besuchte er regelmäßig den Ashram. Jetzt als Pensionist lebte er in einem kleinen Haus in der Nähe und kam jeden Tag, um bei dem Samādhi zu meditieren.

„Die Liebe Bhagavāns", so sagte er mir einmal, „niemand kann sich von ihr eine Idee bilden, der ihn nicht persönlich gekannt und diese Liebe auf sich herabsteigen gefühlt hat. Niemand kann sagen, er wisse, was die Worte lieben und geliebt werden bedeuten, der nicht den Maharshi gekannt hat."

Damals las ich gerade verschiedene Erläuterungen zu Srī Ramanas „Vierzig Versen" (Ulladu Nārpadu), und ich wunderte mich, wie weit die Auslegungen der Verfasser manchmal auseinandergingen. Da war besonders der Kommentar, in Sanskrit und Englisch, von T. V. Kapali Sastrī, einem Schüler der Anfangszeit, der aber seine letzten Jahre im Ashram von Pondichéry verbracht hatte. Ich hatte den Eindruck, daß er die Gedanken Ramanas im Sinne der Theorien Srī Aurobindos umdeute. Sundaresa Aiyar bestätigte mir dies. Ich fragte ihn also, was nach seinem Urteil der beste Kommentar der Werke des Maharshi sei. Er antwortete: „Es gibt keinen. Bhagavān belustigte sich nur, wenn Leute so eifrig diesen oder jenen und noch einen anderen Sinn entdeckten, wo er wie aus Inspiration geschrieben hatte."

„,Bhagavān, ist es dies, ist es das, was Sie haben sagen wollen?' fragte man ihn. ,Es ist dies, es ist das – wie Sie wollen', pflegte er zu antworten."

Als ich nicht nachgab und mich beklagte, daß sich niemand finde, mir wirklich den Weg in die Tiefe der Lehre Srī Ramanas zu weisen, sagte Sundaresa Aiyar:

„Niemand wird je den Maharshi verstehen, der nicht zu jenem Punkt der Verwirklichung, wo der Maharshi sich befand, gelangt ist. Wenn Sie genau wissen wollen, was Srī Ramana gedacht hat, werden Sie selbst, was er war. Dann werden Sie keine Fragen mehr haben."

Sujātā lebte mit ihrer Mutter in der Straße der Priester als Ärztin. Früh schon zog es sie nach Indien, und um sich hierauf vorzubereiten, hatte sie nichts Besseres gewußt als das Spezialstudium der Tropenmedizin. In Indien hatte sie dann einen Bengali-Offizier geheiratet. Bald aber fühlte sie sich so zum

Buddhismus hingezogen, daß sie ihre Mutter bat, das inzwischen geborene Kind in ihre Obhut zu nehmen; und mit Zustimmung ihres Gatten empfing sie die monastische Einweihung. Ceylon, Sikkim, das Land an der tibetischen Grenze waren die Orte ihres Tapas. Wie andere Europäer, so glaubte eine Zeitlang auch sie, berufen zu sein, den Buddhismus in seinem Ursprungsland zu neuer Blüte zu bringen, und man sah sie in großen Städten mit der Almosenschale von Tür zu Tür gehen, ihre Nahrung zu erbetteln; hiervon gab es sogar Photographien. Dann hörte die Bhikkhunī von Ramana Maharshi sprechen und kam nach Tiruvannāmalai.

Sie erschien im Ashram im buddhistischen Nonnengewand, den Kopf kahlgeschoren. Mehr noch als die äußere Erscheinung machte ihre Fähigkeit, reglos in Konzentration zu verharren, beträchtlichen Eindruck auf die Gäste und Bewohner des Ashrams. Einmal verbrachte sie sogar eine ganze Nacht allein auf dem Berg, ohne der umherstreifenden Panther zu achten, so tief versunken war sie in ihrer inneren Schau. Jedoch, da sie den Maharshi wiederholen hörte, daß im Tapas nicht das Äußere, sondern das Innere zählt und daß die Suche nach dem Selbst in jedweder Lebenssituation geschehen kann, begann sie, ihren eigenen Fall näher zu prüfen ... und eines Morgens sah man sie beim Darshana in elegantem Seidensari mit Schmuck an Hals und Handgelenken. Später richtete sie eine Arztpraxis in der Stadt ein, und zusammen mit einem jungen Tamilen, der ihr als Dolmetscher und Assistent diente, behandelte sie die Kranken aus Stadt umd Umgebung mit Hingabe und Sachkenntnis.

Als der Maharshi ins Mahānirvāna eintrat, versuchte sie andere Ashrams – zunächst den von Rāmdās bei Mangalore, dann den von Meivali südlich Tiruchirappalli; doch nach zwei Jahren kehrte sie nach Tiruvannāmalai zurück, wo ich sie kennenlernte. Ich genoß das Gespräch mit ihr, denn sie hatte sehr viel gesehen. Sie war mit allen esoterischen Kreisen, die sie hatte entdecken können, in Verbindung getreten, und sie besaß eine außerordentliche Gabe, all diese geistigen ‚Schätze' in ihrem Denken zu verschmelzen. Ein unglaublicher Synkretismus – die Bilder in ihrem Hause brachten ihn anschaulich zum Ausdruck. Wir sprachen vor allem über Buddhismus, besonders über Zen – jene wunderbare Weise, in der Indiens Advaita in China und Japan neue Gestalt gewann. Sie hatte die Bücher Suzukis, die ich mit lebhaftem Interesse las[15].

Ihre Mutter war eine fromme Dame von über Achtzig, die in Indien die Trennung von ihrer Enkelin in London nicht ertragen konnte. Nach England gekommen, konnte sie sich nicht damit abfinden, daß Sujātā so fern in Indien war. Der Oberst lebte an der Côte d'Azur.

Jeden Freitag wurde im Ashram die Chakra-pūjā gefeiert, so auch zu Beginn eines jeden der tamilischen Monate (Eintritt der Sonne in ein neues Tierkreiszeichen) und zu Voll- und Neumond. Das war eine sehr lange Zeremonie zu Ehren der göttlichen Shakti, symbolisiert durch das Srī Chakra, ganz zuinnerst im Mūlasthānam, hinter dem Shiva-linga und immer mit einem roten Tuch bedeckt. Das Srī Chakra ist eine pyramidenförmige Figur mit quadratischer Basis, sie trägt eine Reihe übereinanderliegender Dreiecke unterschiedlicher Größe, die Spitze der einen nach oben, die der anderen nach unten gerichtet, sie werden kleiner zur Mitte zu, wo sie in einem einzigen Punkt enden. Durch seine eigentümliche Form und dann auch durch die rituelle Weihe soll das Srī Chakra die Kräfte der göttlichen Shakti, welche das ganze Universum erfüllen, in sich zusammenfassen, gleichsam in Latenz. Diese Kräfte sollen durch die Pūjā zu Ehren des Srī Chakra erweckt und zum Wohle der Menschen eingesetzt werden.

Der erwähnte englische Major, so sagte man mir, habe die Mittel zusammengebracht, die Kosten dieser Feier zu bestreiten und ebenso auch die des zwölf Stunden dauernden festlichen *homa,* mit dem alljährlich der Jahrestag der ersten Feier der Chakra-pūjā im Ashram begangen wurde.

„O Bhagavān", sagten einige, „von der heiligen Zelle des Pātālalinga, wo du dich im großen Tempel verbargst, bis zu dieser

---

[15] D. T. Suzuki, dessen Schriften mehr als die jedes anderen dazu beigetragen haben, die Überlieferung des Zen im Westen bekanntzumachen.

immer mächtiger sich entfaltenden Liturgie um dein Samādhi – was für ein Weg!..."

Wie dem auch sei – die Liturgie war höchst interessant. Sie dauerte fast drei Stunden, beginnend kurz vor Sonnenuntergang, mit immer neu wiederholten Anrufungen, welche die Priester, in der Vorhalle aufrecht stehend, wechselweise einander zusangen. Die 300 Namen der Devī, dann die 1008, dann die 108, endlose Litaneien, die bei jeder Anrufung von einem langen Lobpreis oder Gebet unterbrochen wurden. Jeder Titel wurde angekündigt von den vier heiligen Silben, den Keim-Silben, *bīja-akṣara*, in beschwörendem Ton, nasal wie das OM gesungen, in aufsteigender wie in absteigender Ordnung.

Bei jeder Anrufung legte ein anderer Priester, der rückwärts im Heiligtum stand, in sehr genauer Ordnung eine Blume auf das Srī Chakra.

Am Ende jeder Nokturn – es waren ihrer drei – hob sich der Ton der Litanei, der Rhythmus verlangsamte sich und wurde zum immer inständigeren, immer flehenderen Rufen zur Shakti des Herren. Dann wurde *āratī*, die heilige Flamme, dargebracht.

Wenige verweilten die ganze Zeremonie hindurch – außer natürlich ihr Anordner, der am Fuß der Stufen sitzend, gegürtet mit einer scharlachroten Schärpe, eifersüchtig darüber wachte, daß alles gemäß den Rubriken geschähe. Während der zweiten Nokturn ging man gewöhnlich zum Essen, während die Offizianten pausenlos die Anrufungen vor dem Srī Chakra fortsetzten. Am Beginn des dritten Teiles begannen die Gläubigen dann zahlreicher zu kommen, und zum Schluß war der Tempel meist ganz gefüllt.

War die Litanei der 108 Namen beendet, begann man mit der Āratī. Nach kurzem Schwingen des Öllämpchens kam die private Inspiration zu ihrem Recht. Ein jeder mochte singen, wie die Andacht es ihm eingab. Zunächst die Kinder des Ashrams, miteinander, dann die alten Verehrer Ramanas, die mit gebrochener und zitternder Stimme die *Gnade* des Herrn feierten – denn die Shakti, ist das nicht die Gnade selbst, die unablässig auf uns niederströmt, von innen und von außen?

Manchmal geschah es in Tamil, manchmal in Sanskrit. Niemand wunderte sich, niemand wurde ungeduldig oder lächelte über die Andacht der Sänger, die weder der Zeit noch der sichtbar Anwesenden achteten. Danach brachte der Priester die Kampfer-Flamme dar, mit der jede Pūjā endet; und alle drängten nach vorn, die Hände ausgestreckt, um den Segen der Flamme zu empfangen.

Dann kam man zum Austeilen des Prasādam – ein vielgestaltiges Prasādam, reicher als das des täglichen Kultes: gewürzte Milch, Früchte, verschiedenes Gebäck; jeder nahm die paar Schluck oder Stückchen, die er erhielt, mit größter Andacht zu sich. Gewöhnlich entfernte ich mich in diesem Augenblick aus einer gewissen Scheu oder menschlichen Ehrfurcht. Eines Tages aber wurde mir von der Höhe der Stufen des Heiligtums nachgerufen, ich möge zurückkommen; die Offizianten hatten für mich ein besonderes Prasādam beiseite gelegt, einige Blumen und eine halbe Kokosnuß.

So nahm ich also gelegentlich an der Zeremonie teil. Doch meine Grotte war weit vom Ashram, und ich kletterte ungern des Nachts über die steinigen und dornigen Bergwege hinauf; auch war diese Liturgie für mich doch nicht mehr als nur interessant. Daher verging manchmal längere Zeit, ohne daß ich hinabstieg. Einmal fragte mich Kittu, der Priester des Ashrams, sehr sanft nach dem Grund. Ich sprach von der Entfernung, von der Nacht ... Er war nicht überzeugt. „Sie müssen unbedingt kommen", sagte er, „wenn Sie da sind, fühle ich mich stärker, Gottes Shakti anzurufen."

So vergingen friedliche und wundersam bereichernde Tage und Wochen in der Grotte von Vannatti. Aber Ende Juli bemerkte ich, daß gerade unter meiner Grotte Arbeiten im Gange waren, auf dem unbebauten Land zwischen der Straße und dem beginnenden Berghang. Bambuspfähle wurden eingerammt, Wände aus Kokosfasermatten aufgestellt, und bald war das Ganze mit einem Dach aus Kokosblättern bedeckt. Ein Landkino sollte hier eröffnet werden. Die Tamilen sind kinobesessen; und zu jener Zeit wurden allüberall an den Zugängen der Flecken und Dörfer solche Hangars errichtet (meistens sind sie inzwischen durch richtige Gebäude ersetzt worden). Das Aufstellen kostete wenig, keine Möbel waren nötig, und für einen geringen Betrag durfte jedermann sich auf dem gestampften Boden niedersetzen. Aber es ist klar bei einer solchen Konstruktion – wenn für drei oder vier Annas die Augen das Schauspiel genießen, kann, wer in einer Entfernung von 500 oder 600 m sich befindet, die Musik und den Dialog hören, ob's ihm lieb oder leid ist.

Die Eröffnung des Kinos wurde nur durch den Wassermangel verzögert. Gemäß den Anordnungen der Gemeinde mußte eine hinlängliche Wasserreserve beim Hangar bereitstehen, für den Fall, daß ein Brand ausbräche; nun war aber in jenem Jahr die Dürre so groß, daß die Brunnen und Tanks von Tiruvannāmalai einer nach dem anderen ausgetrocknet waren.

Doch die Würfel waren gefallen. Meine schönen Tage von Vannatti waren gezählt.

Ich vertraute meine Sorge einem Freund in der Stadt an, Krishna Pillai. Er war Mechaniker, sein Geschäft war auf der Bahnhofstraße. Die Wände der Werkstatt waren mit heiligen Bildern bedeckt; Blumengirlanden, täglich erneuert, schmückten die Bilder, und vor ihnen brannten ständig Öllämpchen und Sandelstäbchen.

Wie ich Krishna Pillai kennenlernte, das war eine Geschichte für sich. Eines Nachmittags ging ich im Norden der Stadt spazieren, neben dem Kloster von Pāvalakundru. Ein bejahrter Mann sah mich, und ohne ein Wort zu sagen, gab er mir ein Zeichen, ihm zu folgen.

Was bedeutet es schon für einen Sādhu, hier zu sein oder dorthin zu gehen? Ist er nicht überall in sich? Ob die Wellen der Māyā ihn an das eine oder das andere Ufer treiben, das kann ihn nicht berühren. Von nichts wird er bedrängt; hätte er ein Ziel, einen Wunsch, eine Verpflichtung – wäre er dann nicht ein gebundener Mensch? Durch die Tatsache allein wäre er schon aus seinem Seinsstand und aus seiner Berufung als Zeuge des Absoluten in der Welt gefallen, losgelöst und frei.

Ich folgte also dem Mann wortlos, etwa einen Kilometer

weit. Wir kamen wieder in die Stadt, überquerten die Straße der Priester und schlugen den Weg zum Bahnhof ein. Dann betraten wir den Hangar, in dem Krishna Pillai arbeitete. Man ließ mich im Lotossitz auf einem Tisch Platz nehmen; man entzündete Räucherstäbchen vor mir, brachte Milch und Kuchen. Nachdem der ‚Heilige' solchermaßen passend versorgt war, begann man zu sprechen; und so machte ich Bekanntschaft mit Krishna Pillai, der mir in der Folge so viele Dienste erwies.

Zwei Monate später sprach ich ihm also von meinen Besorgnissen bezüglich des Kinos, das bald eröffnet werden sollte.

„Darüber machen Sie sich gar keine Sorgen", antwortete er sogleich. „Ich kenne alle Swāmīs und alle Einsiedeleien auf dem Berg. Sehr bald werde ich eine für Sie geeignete Grotte gefunden haben."

Wir vereinbarten Tag und Stunde, und so stiegen wir miteinander hinauf zum Mulaippāl Tīrtham und zum Arutpāl Tīrtham [16]. Die Nähe von Wasserstellen ist tatsächlich die entscheidende Bedingung für die Einrichtung von Einsiedeleien auf dem Berg von Tiruvannāmalai, besonders gegen Ende der Trockenzeit. Dieses Jahr war die Dürre so groß gewesen, daß sogar die Quelle des Skanda-Ashram versiegte. Der Arutpāl Tīrtham hatte keinen Tropfen Wasser. Auf dem Grund des Mulaippāl, der normalerweise zehn Fuß Wasser hat, war gerade noch ein dünnes Rinnsal, das durch Sand und Schlamm abfloß. Hatte einer seinen Wassertopf gefüllt, so mußte der nächste fast eine Stunde warten, bis er dasselbe tun konnte.

Mit Krishna Pillai schaute ich in alle Hütten und Grotten um den Mulaippāl. Alles war besetzt. Einzig eine Grotte hinter dem Arutpāl war noch frei, gegenüber dem Häuschen von Lakshmī Devī, der Schweigsamen. Krishna Pillai besorgte sich den Schlüssel und ließ mich eintreten.

Die Grotte war eng, aber hoch genug, daß man aufrecht stehen konnte. Zur Linken war eine Vertiefung; gegenüber dem

---

[16] Tamil: *tīrtham* – heiliger Teich; *mulai* – Busen, weibliche Brust; *arut* – Gnade; *pāl* – Milch.

Eingang ein um fast drei Fuß erhöhtes Felsstück, das zu meinem bevorzugten Aufenthaltsort werden sollte. Im Hintergrund zur Rechten eine Öffnung, durch die man in eine Art Korridor gelangte. Am Ende dieses Korridors eine andere Grotte; in der Regenzeit entsprang in ihr Wasser, man mußte durch ein enges Loch sich in die Grotte gleiten lassen – ein einfach wunderbarer Ort für die innere Sammlung. Draußen sprang der Felsen weit vor und gab Schutz gegen die Sonne. Hier hatte man eine Steinbank zugerichtet.

Diese Grotte, wie die meisten in der Umgebung, war von Sādai Sāmī eingerichtet worden, dem Swāmī mit den Haarflechten, vor etwa fünfzig Jahren. Eine andere Grotte, von der bald zu sprechen sein wird, hatte er sich selbst reserviert. Wasser mußte man vom Mulaippāl Tīrtham holen, 300 oder 400 m weit über schwierige, felsige Wege. Doch diese Mühe wog gering gegenüber den Vorteilen dieser Einsiedelei.

Zwei Tage später hatte ich die Grotte von Vannatti verlassen und mich in der Nähe der Schweigsamen eingerichtet, gerade über dem ‚Gnadenmilchteich‘, *arut-pāl-tīrtham*.

3

Die Quelle der Gnadenmilch

Sobald ich meine neue Grotte bezogen hatte, nahm ich das Schweigen für zehn Tage wieder auf, und ich stieg nur zu Mittag hinab, um bei Srī Muthaiāh Chettiār meine Mahlzeit zu empfangen, ohne zu sprechen.

Als die zehn Tage vorüber waren, besuchte ich eines Morgens Sujātā.

„Was für einen Schein haben Sie heute", sagte sie sogleich. „Natürlich haben Sie immer einen Schein, aber heute leuchtet er heller als sonst."

Ich achtete kaum darauf; Sujātā war eine Esoterikerin, okkulte Wissenschaften gierig aufnehmend; sie konnte Ausstrahlungen erkennen, Schwingungen, Astralkörper – doch das erregte nicht einmal meine Neugierde.

Am Abend ging ich zu einem anderen Freund, Dr. Hāfiz Syed, Professor an der Universität von Allahābād, ein Spezialist in persischer Dichtung; als er jung war, hatte er auch wichtige Posten im Kongreß[1] innegehabt. Getreulich kam er jedes Jahr mit seiner Frau, um einige Monate in der Nähe des Maharshi zu verbringen.

„Wie Sie heute strahlen!" rief er aus, kaum daß ich eingetreten war. Könnte es sein, daß wirklich sogar physisch etwas geschieht, daß etwas vom Berg Arunāchala übergeht in das Herz derer, die in seinen Höhlen sich sammeln?

Leider mußte ich nun bald von meiner geliebten Einsamkeit scheiden[2]. Es waren nun schon Monate, seit ich die Kaveri ver-

---

[1] Die indische Unabhängigkeitsbewegung; heute ist die Kongreßpartei die Regierungspartei.

[2] Am 10. August 1952.

lassen hatte. Von dort drängte man mich, nun zurückzukehren.

Doch ich kam wieder zum heiligen Berg, immer wieder[3]. Meine Freunde verstanden nicht, was mich dorthin zog.

„Der Maharshi ist nicht mehr da", sagte Purusha; „es gibt dort nicht einmal echte Schüler, mit denen man fruchtbar über Philosophie oder geistliches Leben sprechen könnte. Und Ihre Grotten – warum einen solchen Mythos aus ihnen machen?"

„Braucht der Mensch nicht immer Mythen", antwortete ich, „um das zu befreien, was sonst für immer in der Tiefe seiner Psyche begraben bliebe? Soviel weiß ich, für mich ist Arunāchala ein Liebender, sein Ruf ist unwiderstehlich. Ich finde dort etwas, was kein anderer Ort und kein anderer Mensch mir je geben könnte."

Wenn ich nach Tiruvannāmalai zurückkam, ging ich als erstes schauen, ob ‚meine' Grotte frei sei, denn in der Zwischenzeit konnte selbstverständlich ein anderer Sādhu von ihr Besitz ergriffen haben. War sie besetzt, so fand ich sicher eine andere in der Umgebung, die zumindest für einige Wochen frei war.

Hier war es, daß ich Arunāchala wirklich entdeckte. Vor zwei oder drei Jahren hatte Miss Ethel mir schon gesagt: „Sie sind um des Maharshi willen gekommen, eines Tages aber wird es der Berg selber sein, der Sie anzieht."

Ja wirklich, lange bevor Ramana nach Arunāchala kam, Jahrhunderte hindurch, sind Pilger hierher geströmt, um am Fuß des Berges anzubeten, Verzichter, um sich in seinen Höhlen zu verbergen. Unter denen, die kamen, war Ramana sicher einer der größten (zumindest unter denen, deren Bestimmung es war, den Menschen bekannt zu werden). Gleichwohl gilt, daß er nur einer von den vielen ist, welche Arunāchala anzog,

---

[3] Fastenzeit 1953; 3. November – 27. Dezember 1953, 20.–28. April und 13. Mai – 12. Juli 1954 (teilweise zusammen mit P. Monchanin); 22. Dezember 1954 bis 7. Februar 1955; Dezember 1955.

und in denen das im Schoß des Berges verborgene Mysterium sich kundgab.

Das Gedächtnis des Berges *(acala)*, von der Farbe der Morgenröte *(aruṇa)*, verliert sich in der Nacht der Zeiten und der Legenden. Das Heiligtum des Shiva-linga am Fuße des Berges gilt als eines der ältesten in Tamil Nadu, und die Herrscher des Chola-Landes ließen es sich angelegen sein, jahrhundertelang[4] es zu bereichern und zu verschönern, es mit immer mächtigeren Mandapams und Gopurams zu umgeben.

Soweit die geschichtliche Kunde zurückreicht, immer wurde der Berg als ein riesiges Shiva-linga betrachtet, nicht von Menschenhand gemacht, das gewaltigste Zeichen der Gegenwart Parama Shivas, des Höchsten Herrn.

In der Frühzeit der Welt, so erzählen die Purāṇas, ereignete sich ein furchtbarer Streit zwischen Vishnu und Brahmā, der in den drei Welten Bestürzung und Entsetzen hervorrief. Es ging darum, welcher der beiden Devas der erste und der größere sei. Brahmā wies darauf hin, daß er war, als nichts da war, und daß durch ihn alles geschaffen wurde. Vishnu antwortete, daß Brahmā ein wenig rasch seinen eigenen Ursprung vergesse. War nicht er selber in dem Lotos erschienen, welcher aus dem Nabel Vishnu Ranganāthas hervorwuchs, als dieser, von der Schlange Ādishesha getragen (die übrigens er selber war), allein auf dem Ur-Ozean sichtbar war, nachdem in der Sintflut die frühere Welt versunken, in ihr mit allen anderen, auch Brahmā verschwunden war? – In diesem Augenblick erschien zwischen ihnen eine gewaltige Lichtsäule. „Dies soll entscheiden", so kamen die Streitenden überein. „Welcher von uns das Ende dieser Säule erreicht hat, den Fuß oder den Scheitel, und als erster hierher zurückkehrt, der sei als der Größere anerkannt."

Brahmā bestieg sein Reittier, Hamsa, den himmlischen Schwan, und stieg steil empor gegen das Firmament. Vishnu nahm die Gestalt des Ebers Vihara an, als welcher er einst die

---

[4] Vom 7. bis zum 13. Jahrhundert.

von den Wassern verschlungene Erde emporgeholt hatte; er grub und grub, um den Fuß der geheimnisvollen Säule zu erreichen.

Jahrhunderte vergingen, tausend Jahre vergingen, doch – so wiederholen es unablässig die tamilischen Hymnen – weder der viergesichtige Brahmā noch Māl, der große Vishnu, konnten entdecken, wo der riesige Flammenpfeiler begann oder wo er endete. Es war Shiva, der sich so vor ihnen offenbart, seine eigene Überlegenheit kundgegeben hatte, Shiva, das Feuer, Shiva, Flamme und unendliches Licht, Shiva, Liebe, einzig und unendlich wie die Einzigkeit und Unendlichkeit des Seins.

Im zweiten Weltalter verwandelte sich das Feuer-Linga in einen diamantenen Berg; im folgenden in einen Berg von Rubin. In unserem Kali-yuga endlich wurde es zu einem Linga aus Felsgestein[5], dem die Menschen hinkünftig ohne Furcht sich nähern könnten, das ihnen Heil brächte: Denn im innersten Herzen derer, die sich ihm nahen, erscheint Shiva Arunāchala. Plötzlich als Feuersäule, ohne Anfang und Ende, wie im ersten Weltalter, verzehrende Flamme und erhellendes Licht, sprudelnde, strömende Liebe!

Srī Ramanas inspirierte Strophen über Arunāchala hatte ich bereits gelesen und lange meditiert. Seine eigene geistliche Erfahrung hatte sich für ihn im Mysterium Arunāchalas inkarniert. Arunāchala hatte ihn berufen und zu seinem Tempel gebracht, zu dem Felsen, in dem er sich kundgab; hatte ihn immer tiefer in sich selbst hineingeführt und ihn schließlich erkennen lassen, daß auf dem Grunde seines Herzens in Wahrheit nichts anderes sei als die *Wirklichkeit* des höchsten Arunāchala, die alles verzehrende Flamme, das aufblitzende Licht, darin hinfort nichts mehr „gesondert" gefunden werden kann.

Sein Ich war ausgelöscht in dem einzigen ICH Shiva-Arunchāla[6]. Und doch besang Ramana stets mit höchster Bhakti

---

[5] Tatsächlich besteht Arunāchala aus vulkanischem Felsen.
[6] Die Begriffe sind bedeutungsgleich, denn der Berg ist die Form, die der Höchste Herr annimmt, um sich sichtbar zu machen.

den Liebenden, der ihn angezogen, die Liebe, die ihn verführt,
den Ozean, der ihn verschlungen hatte. So trat er in das Spiel
des Herren Arunāchala ein, welcher sich einst selbst in seiner
Līlā suchte, in seinen göttlichen Gestalten als Brahmā und
Vishnu, und der alle Zeit sich finden will im Menschen „auf
der Suche nach sich selbst".

Arunāchala ist ein Symbol,
und Arunāchala ist eine Wirklichkeit,
eine hohe Stätte des dravidischen Landes,
rötlich schimmernd, *aruṇa*, in den Strahlen der
Morgensonne,
wo man das Feuer-Linga verehrt,
elementares Zeichen des lebendigen Gottes,
der im Dornbusch erschien
und auf dem Gipfel des Horeb,
verzehrendes Feuer, erhellendes Feuer:
Deus ignis consumens,
Lux mundi
Paraṃ-jyoti,
Phōs hilaron,
Freudenlicht der unsterblichen Herrlichkeit
des Seligen
Bhagavān!

Denn eben hier richtete sich auf in der Urzeit
die Feuersäule,
deren Spitze Brahmā nicht erreichen konnte,
noch den Fuß Vishnu,
Symbol dies der unauslotbaren Liebe –
anbe Shiva!
Grund des Seins.

Später wurde sie ein Saphir-Juwel,
dann in unserer schlimmen Kali-Zeit
Linga aus steingewordenem Feuer
für das Wohl der Menschen,
heiliger Berg,

acala,
den der Herr auf festen Grund gestellt hat
und der nicht wankt;

in dessen Grotten durch die Zeiten hin einander folgen
die nach Weisheit hungern und nach Entsagung,
die der Berg, göttlicher Liebender,
in seinen Schoß zieht,
in seinem Schweigen sie zu lehren
den Königsweg des Höchsten Schweigens
und das Feststehen im Selbst,
acala, ātmaniṣṭha;[7]

An dessen Abhang Quellen fließen
mit prunkvollem Namen:
„Teich der Gnadenmilch",
„Milch der göttlichen Mutterbrust",
dahin die Pilger kommen,
eintauchen, trinken;

Auf dessen Gipfel endlich, am großen Thībam-Tag,
wenn die Abendsonne im Westen sinkt
und der Kārtlika-Vollmond
sich über den Horizont hebt,
die Feuersäule entspringt,
die das Geheimnis des Lichtes entbindet,
das im Bergesinnern verborgen war!

Ein dumpfer Ruf aus der Tiefe des Grundes,
des Herzens Arunāchalas.
An den, der sich hindrängt zum Grund
des Herzens Arunāchalas,
dort sogar seinen Namen verlierend;
und alles, was er bis dahin war,
um nichts anderes zu sein als Bewohner des Grundes,
der sein Heim hat im Innern der Grotte

---

[7] *Ātman* – Selbst (s. Glossar), *niṣṭha* – feststehend in.

des Herzens Arunāchalas –
er selbst eingedrungen in den eigenen Grund,
versunken im Selbst,
der in seiner tiefsten Tiefe entdeckt hat
das Geheimnis Arunāchalas.

Doch wer ihn erreicht, den Grund
des Herzens Arunāchalas –
ist es für ihn noch ein Grund?
Ist es noch ein Arunāchala?
Ist dann nicht vergangen der rotschimmernde
Berg Arunāchala?
Sind dann nicht vergangen die Quellen
an den Hängen Arunāchalas?

Was ist aus dem Licht geworden
auf Arunāchalas Gipfel?
Die Grotten sogar sind dahin
mit den Einsiedlern von Arunāchala;
ist nicht er selbst verschwunden,
versunken im Grund
des Herzens Arunāchalas,
geworden-entworden im Selbst,
dem Einzigen Arunāchala?

All dies hatte ich bereits zu verstehen begonnen, in der Grotte
von Vannatti; aber ist die Tiefe der Grotte des Herzens nicht
schwerer zu erreichen als die der Felsengrotte? [8]

---

[8] „Dieses Leben im Grund – in der *guhā* –, wo ich allein mit Gott bin;
Dieses Leben im Grund, wo ich allein in Gott bin;
Dieses Leben im Grund, wo ich allein aus Gott bin;
Dieses Leben im Grund, wo allein Der ist, der ist ...
Mit Gott ist die Ebene des Geschaffenen;
In Gott ist die Ebene des Geistes;
Aus Gott ist die Ebene des Sohnes;
Wo allein Der ist, der ist – das ist die Ebene des Vaters,
endliche Rückkehr in die Einheit, die Gottheit."
(Tagebuch, mit Datum vom 12. April 1953)

Ganz rückwärts in der Grotte entsprang eine Quelle, eine wunderbare Quelle, ja; aber da ist so viel Gestein und Kies, daß kaum ein winziges Rinnsal sich befreien kann. Draußen sind Zisternen, die die Menschen gegraben haben und die das Regenwasser aufnehmen; und es gibt Bäche, die von oben herabstürzen. Warum sich so plagen, durch ein Loch sich herabzulassen, in die Tiefe der Grotte zu kriechen und im Kies das Wasser zu sammeln, das tropfenweise hervorquillt? Selbst ein einfacher Schluck bedarf solcher Mühe. Doch dann schickt der Herr die Trockenheit. Der Himmel schließt sich. Es fällt kein erfrischender Regen mehr; die Quellen versiegen eine nach der anderen ... Wohl oder übel muß man durch das Loch kriechen und muß zusammengekrümmt neben der Quelle beginnen, die Steine beiseite zu schieben und den Kies aufzugraben. Bald breitet das Wasser sich aus: man trinkt in großen Zügen. Dann schwillt es an, erfüllt die ganze Grotte und bricht schließlich durch ins Freie.

Und von nun an: das Wasser, das als Regen vom Himmel fällt, und das Wasser, das man in menschengemachten Zisternen sammelt – welchen Geschmack kann es noch haben, welches Verlangen kann es erwecken in dem, der von dem Nektar der Quellen im Innern gekostet hat?

Wie die Upanishad sagt:

„Wer auch nur ein einziges Mal
an Ambrosia sich gesättigt hat –
welchen Geschmack kann für ihn noch haben
das beste der Getränke,
das je Menschen erfunden?"

In den upanishadischen Texten werden oft Wasser und Feuer miteinander verbunden: Wasser aus Feuer kommend, Feuer aus Wasser kommend, wie die alten Texte sagen – wahrscheinlich weisen sie auf das Paar Wolken–Blitz zurück. Das Feuer symbolisiert vornehmlich die männliche Kraft, das Wasser erscheint mehr in Beziehung zur weiblichen Fruchtbarkeit und damit zum Mysterium der göttlichen Shakti.

So werden auch die Quellen, die an den Hängen Arunāchalas, des Feuer-Berges, entspringen und von dort herabflie-
ßen, als die Gnade des Shiva-Arunāchala verstanden, die sich
als Shakti verströmt (Unnāmulai, die weibliche Form von An-
nāmālai). Arut-pāl ist die Milch der Gnade, Mulaippāl ist die
Milch der Mutterbrust.

Shiva ist in allen Elementen gegenwärtig, denn es gibt nichts
auf Erden, das nicht sein Linga, sein Zeichen, wäre und damit
Träger der Gnade für den, dem der Glaube die Augen geöffnet
hat.

So gibt es in Südindien fünf besonders berühmte Shiva-Tem-
pel: Arunāchala oder Tiruvannāmalai, wo Shiva unter der
Form des Feuer-Linga verehrt wird, *tejoliṅga, agniliṅga;* – Jam-
bukeshvaram, auf der Insel Srīrangam bei Tiruchirappalli, wo
man ihn unter der Form des Wasser-Linga, *āpoliṅga,* anbetet;
Kānchipuram, der Ort des Erd-Linga, *pṛthivīliṅga;* Kālahasti,
der des Luft- oder Wind-Linga, *vāyuliṅga;* und schließlich Chidambaram: das Heiligtum des Shiva Natarāja, des ‚Königs des
Tanzes‘, wo Shiva hofhält in der Mūrti des unendlichen, des
unzerstörbaren Raumes, *ākāśaliṅga,* Zeichen dessen, der überall, ja im Herzen von allem ist – gleichzeitig aber wesenhaft un-
erreichbar, wie immer auch der Mensch mit Geist und Leib
sich bemühen möchte, ihn zu ergreifen.

Nichts ist, das nicht Zeichen des Herrn wäre; dies ist die
grundlegende Botschaft, die uns alle ‚inspirierten‘ Sänger Indiens mitteilen, welcher Richtung oder Schule sie auch ange-
hören mögen, und die sich aus allen Riten und Traditionen
ergibt, sofern nur die inneren Augen geöffnet sind und empfänglich für die Strahlen des Mysteriums.

Um die Seelen anzuziehen und gefangenzunehmen, offenbart sich das Selbst in einer Vielfalt von Formen. Es gibt die
Formen aus Fleisch und von menschlicher Gestalt; es gibt die
Formen der Elemente, das Mysterium heiliger Orte oder Kshe-
tras, so zum Beispiel dieses Berges ... Das Geheimnis dessen,
was sich zwischen dem Guru aus Fleisch und seinem Schüler
ereignet, kann niemand ergründen, wenn auch die Worte, die
sie austauschen, wiederholt und verstanden werden. Wer wird

je in das Mysterium des WORTES, aus dem das SEIN entspringt, eindringen?

Doch noch unaussprechlicher ist das Geheimnis, das hin und her schwingt zwischen dem Berg aus Stein und demjenigen, der im Innern dieses Felsens, allein und nackt, in Schweigen sich sammelt. Das Geheimnis des In- und Miteinanders der Mutter und des Kindes, das in ihrem Schoß ruht – wer wird es je aussprechen?

Für wie viele im Laufe der Jahrhunderte war Arunāchala die Stätte einer neuen Geburt, das Tor zu einer bis dahin unbekannten Welt, die ihnen plötzlich und wunderbar aufgegangen war!

Wer hieran nicht zu glauben wagt – möge er selber in die Grotte eintreten und dann niemanden einlassen; möge er abstreifen alles, was ihn bekleidet, innen wie außen, schweigen, sich sammeln; er lasse sich tränken von diesen Wassern und brennen von diesem Feuer; so wird bald auch er das Geheimnis Arunāchalas verstehen! Und schlimmer noch, wie es dem Maharshi erging: niemals mehr wird er zurückkehren können in diese Welt. „Nie mehr ein Weg zurück! Nie mehr ein Weg zurück!" wiederholen es wehmütig und unerbittlich die Seher der Upanishaden [9].

In der Tiefe des Grundes,
in der letzten
Finsternis
der Krypta
eine Flamme
allein!

Wer wird je das Geheimnis sagen,
das die Flamme birgt
im Innersten?

---

[9] Chāndogya Up. 8, 15.

Nur der wird es kennen,
aber nie mehr es sagen können,
der, in die Flamme gestürzt,
in ihr verbrannt,
nichts mehr ist
als Flamme!

Der Berg, der ruft:
Komm, so komm doch!
Wem immer das Herz
dürstet nach Wahrheit
und Entsagung. [10]

Arunāchala, Feuer-Linga
Lichtsäule, die aufragt,
höher als alle Himmel,
tiefer als die Tiefe der Erde
in den Räumen meines Herzens!

Du schenkst dich nur denen, die nichts mehr haben,
o Arunāchala,
entblößt von ihren Leibern,
entblößt von ihren Herzen,
entblößt von ihrem Geist,
entblößt von ihrem Selbst;
denen du alles entrissen hast,
alles, was in ihnen noch
‚ich‘ sagen konnte!
So hast du so viele angezogen im Lauf der Jahrhunderte,
o Liebender!

Zu deinem Tempel, zu deinen Höhlen,
zu deinem flammenden Felsengipfel,
zu deinen lebendigen Quellen;
so hast du viele hergeführt, keuchend,
hingestreckt zu deinen Füßen,

---

[10] Siehe oben S. 35 f., Anm. 17.

in der Tiefe deines Herzens verloren,
und du hütest sie, seufzend, stöhnend,
schaudernd aufschreiend zu dir: Gnade!

Gerade gegenüber meiner Grotte war das Häuschen, in dem Lakshmī Devī lebte. Seit bald zwölf Jahren war sie da und erfüllte ihr Schweigegelübde. Besuchern antwortete sie nur durch Zeichen. Es schien, man verehrte sie sehr. Als man sie fragte, ob sie viele Schüler habe, schienen ihre Augen zusammen mit einer weit ausholenden Geste des rechten Armes anzudeuten, daß man sie gar nicht zählen könne, in Tiruvannāmalai und anderwärts. Tatsächlich kam häufig Besuch, und wenn sie schweigsam war – ihre „Schüler" waren um so lauter. Ich konnte mir dadurch helfen, daß ich meine Türe schloß und daß ich mich in die weiter innen liegende Grotte flüchtete, in der kein Lärm, woher auch immer, mich erreichen konnte.

Als die Zeit ihres Gelübdes abgelaufen war, holten Freunde sie ab und geleiteten sie zu dem berühmten Heiligtum von Tirupati, dort ‚die Zunge lösen‘ zu lassen. Dann sollte sie in ihren Heimatort in der Nähe von Mysore zurückkehren.

Doch als ich im folgenden Jahr[11] wieder nach Tiruvannāmalai kam, fand ich sie zu meiner Überraschung wie zuvor in ihrer Einsiedelei. Ich fragte, was geschehen sei. Sie antwortete: „Ja freilich, wie vereinbart bin ich dorthin zurückgekehrt. Aber wenn man zwölf Jahre in Arunāchala verbracht hat, wo anders könnte man Shānti finden als in den Grotten seines Berges?"

Mehr noch als Lakshmī Devī schätzte und verehrte ich die ‚Ammāl von Vadalūr‘, wie alle Welt sie nannte. Ihr richtiger Name war Srīmatī Rādhābāi Ammeyār; doch bevor sie nach Tiruvannāmalai kam, hatte sie lange Jahre des Tapas in einem Dorf namens Vadalūr zugebracht – das Dorf ist bekannt geworden durch die Erinnerung an Rāmalinga Swāmigal.

---

[11] 1954.

Rāmalinga war ein tamilischer Heiliger des vorigen Jahrhunderts, berühmt für Frömmigkeit und dichterische Gaben, doch auch für seine Bemühungen, Kult und Religion von ihrer sogenannten ‚orthodoxen' Enge zu befreien. Noch heute sind im Tamil-Land seine Lieder auf aller Lippen, und es gibt wenig Häuser frommer Hindus, wo man nicht sein Bild anträfe. Das berühmteste seiner Gedichte beginnt:

Arul perum jyoti!
O unermeßliches Licht der Gnade!
O grenzenloses Erbarmen des Herrn!

Eines Tages in den achtziger Jahren unterhielt er sich mit seinen Schülern, als er plötzlich sie bat, ihn allein zu lassen, und zu einer Zelle ging, die sich mitten im Garten des Ashrams befand. Es war Vollmond im Monat Pausha, in jenem Jahr Ende Januar, ein besonders glückverheißendes Datum im religiösen Tamilkalender, Rāmalinga trat in die Zelle, die Schüler setzten ihr Gespräch fort. Plötzlich leuchtete eine Flamme über dem Dach auf, loderte himmelwärts. Man öffnete die Tür. Der Swāmī war verschwunden. In dem Licht, das er so wunderbar besungen hatte, war sein Körper hinübergegangen: „Im seligen Aufleuchten der Herrlichkeit des Herrn."

Rādhābāi Ammeyār, die Ammāl von Vadalūr und getreue Schülerin Rāmalinga Swāmigals, war vor etwa zwölf Jahren nach Tiruvannāmalai gekommen. Zuerst hatte sie zusammen mit Lakshmī Devī in Schweigen gelebt, in eben der Grotte, die ich bewohnte, eine jede meditierend in ihrer Ecke sitzend; dann hatte sie sich 50 m weiter oben in einer Felsennische, die sie entdeckt hatte, eingerichtet. Das war eine so enge und niedrige Grotte, daß man sich nur sitzend darin aufhalten konnte, und selbst dann berührte der Kopf beinahe den oberen Felsen.

Hier lebte sie drei Jahre, ohne ein Wort zu sprechen; ihr ganzes ‚Mobiliar' bestand aus einer Öllampe und einem Buch mit Gesängen ihres heiligen Meisters. Die Mahlzeit, einmal täglich am Nachmittag, bestand aus ein paar Handvoll Reismehl, gemischt mit etwas dicker Milch.

Als ihre drei Jahre des schweigenden Tapas vergangen waren, errichtete sie vor der Grotte eine winzige Strohhütte, wo sie mit einer Schülerin wohnte. Später baute sie sich ein anderes Häuschen beim Mulaippāl Tīrtham, um näher bei der Wasserquelle zu sein.

Lakshmī Devī war in Kāvi, aber Rādhābāi hatte das Weiß der Schüler Rāmalingas Swāmigals beibehalten. Wenn sie so in ihrer Behausung saß, ganz in Weiß eingehüllt, das Gesicht strahlend von einer wundersamen Heiterkeit, war es schon eine wahre Freude, nur ihr Darshana zu haben. Es brauchte zwischen uns übrigens nicht vieler Worte. Wir verstanden einander wohl jenseits der Rede, und sie wußte, daß ich das Schweigen liebte.

Eines Tages war ich bei ihr eingeladen, meine Mahlzeit dort einzunehmen, vielleicht war es der Tag, an dem ihr Meister als Flamme hinübergegangen war. Etwas zu früh gekommen, saß ich auf der Veranda. Wenig später kam ein anderer Sādhu; er ergriff ein Buch und begann, laut vorzulesen und zu erklären: Zweifellos meinte er, die Gabe der Speise mit der Gabe geistlicher Unterweisung entgelten zu müssen – und ist nicht jeder Sādhu kraft seiner Berufung ein Meister der Weisheit? Vadalūr Ammāl bemerkte schnell meine Gereiztheit; ich hatte nicht ihre Geduld! Sehr sanft erklärte sie dem Sādhu, daß mein spiritueller Weg ein anderer sei, und schlug vor, daß er das Buch leise für sich allein lese. Er schien aufs höchste erstaunt; doch aus Ehrfurcht für Ammāl fügte er sich und ließ uns in Frieden.

Ein andermal kam ihr ‚Guru‘, sie zu besuchen. Es gelang mir nicht festzustellen, mit welchem Titel sie ihn anredete, doch das ist auch unwichtig. Er wohnte gewöhnlich am Abu-Berg in Gujarat, doch er war jetzt nach Tamil Nadu gekommen, um einige Wochen bei seiner ‚Schülerin‘ zu verbringen. O weh! Die Ankunft des ‚Guru‘ hatte rasch zur Folge, daß das gewohnte Schweigen aus der Einsiedelei schwand. Er hatte auch andere Leute eingeladen, zweifellos um ihnen von seiner Weisheit mitzuteilen; und Tag und Nacht hörte man Gesänge, Vorträge, Gespräche im Ashram. Die Ammāl stellte mich ihrem ‚Guru‘ vor. Ich grüßte ihn mit der gebotenen Ehrerbietung, aber wir fanden kein Gebiet gemeinsamen Interesses, um unser Gespräch fortzusetzen. Als ich dann mit Ammāl allein war, zeigte sie mir das Zimmerchen, ganz angefüllt mit Bildern, Statuen, Lampen. In der Mitte hatte sogar ein Srī Chakra Platz gefunden, denn der Guru war ein Shakti-Verehrer.

„Schön", sagte Rādhābāi und wies mit der Hand auf den ganzen Reichtum.

„Zweifellos", antwortete ich. „Doch all dies füllt ja Ihre kleine Einsiedelei gänzlich aus; man weiß nicht mehr, wie sich umdrehen."

„Ah, also Sie verstehen", sagte sie mit einem Ton der Erleichterung. „Wie mich das freut! Doch was wollen Sie, er braucht das. Man muß ihn gewähren lassen. Wenn er geht, wird das alles fortgeschafft."

Während Lakshmī Devīs Abwesenheit wurde ihre Einsiedelei eine Zeitlang von einem jungen Sādhu namens Saccidānanda bewohnt. Sein Guru wohnte in Tirukkalukkunram, dem „Geier"-Berg, an der Straße der Sieben Pagoden nach Mahābalipuram. Auf Weisung seines Guru war er für eine Zeit des Tapas nach Tiruvannāmalai gekommen. Täglich, mittags, stieg er zur Stadt hinab, seine Bhikshā zu erhalten. Er hatte fünf Häuser, wo man ihm täglich etwas Reis gab. Er stieg wieder herauf, legte ein wenig Nahrung für den Abend beiseite und nahm sein Mahl ein. Die übrige Zeit meditierte oder sang er.

Er sang wunderbar. Und sein Gesang war keineswegs eine Ablenkung, so wie das Schwatzen der Schüler der Schweigsamen. Freilich verstand ich wenig von den Worten, doch da war der Rhythmus, der Akzent, da waren die Melodien *(rāga)*, die so zauberhaft beschwörenden Tonarten der karnatischen[12] Musik.

Wenn seine Stimme sich erhob, besonders im Abendschweigen, war es wie geflügelte Worte, wie ein sehnsüchtiger Ruf,

---

[12] Von Kannara oder Karnataka, einer Region im Südwesten Indiens.

der so von einem Herzen, das entsagt hatte, zum Herrn aufzusteigen schien, um Ihn zu finden in Freuden, die die Sinne des Herzens kaum erst ahnten. Bei jedem Vers begann die Melodie unten, sehr tief, gleichsam drunten auf dieser Erde, wo alles den Menschen zurückhalten will. Dann schnellte sie mit einem Satz empor, hoch hinauf, und da schwebte sie unbestimmt, mit den indischen Halb- und Vierteltönen spielend. Sehnsucht der Höhe und Sehnsucht der Tiefe, beides zugleich, in den mittleren Regionen, da die Erde zwar aufgegeben ist, aber der Herr noch nicht in all seiner Herrlichkeit sich kundgemacht hat; allein zwischen den beiden Rufen, die sich das Herz streitig machen. Dann, am Ende des Verses, senkte sich die Stimme wieder, doch nur um das Sprungbrett zu finden, sich machtvoll abzustoßen und mit neuem Schwung noch höher emporzusteigen. So sang der junge Verzichter, sang von ganzem Herzen, spät abends und bis tief in die Nacht, so rief er aus der Finsternis das Licht der Morgenröte, Aruna, welches auch die dunkelste Nacht des Herzens wie des Firmaments verborgen in ihrem Schoß trägt.

Ich ging nun nicht mehr regelmäßig für meine Mahlzeiten in die Stadt. Srī Chettiārs Wohnung war zu weit von meiner neuen Einsiedelei entfernt, und ich fand auch, daß diese täglichen Wege mich zu sehr ablenkten. Mit der Zeit war ich fast geschickt darin geworden, meinen Hirsebrei auf einem Feuer von trockenen Dornen zu bereiten oder auch geröstetes Reismehl, gemäß dem von Rādhābāi gelehrten Rezept. Sie selber lud mich gelegentlich zu einer kleinen Ergänzung des Menüs ein.

Zweimal in der Woche allerdings ging ich doch hinunter, um bei zwei Brahmanen in der Stadt meine Bhikshā zu empfangen. Der eine war der Rechtsanwalt des Ashrams. Der andere, ebenfalls Anwalt, wohnte gegenüber dem Tempel: bei ihm, aus den Händen seiner Großmutter, hatte Ramana am Tag seiner Ankunft in Tiruvannāmalai[13] seine erste Bhikshā

---

[13] Im August 1896.

empfangen. Hier nun meinerseits Bhiksha zu erhalten konnte nur eine Gnade sein.

Hier hatte ich freilich auch jenes Erlebnis, an einem Dezembertag, das mich alle Eßsünden meines ganzen Lebens reichlich büßen hieß.

Jeden Freitag stieg ich also zu Nīlakantha Aiyar hinab, zwischen 11 und 12 Uhr. Meistens war er dann schon zum Gericht gegangen. Ich trat ein, setzte mich in den inneren Hof, und wenn alles fertig war, bedeutete mir seine Frau mit der üblichen Zurückhaltung der tamilischen Damen, näher zu treten, und reichte mir mein Essen. Wir tauschten das Namaskāram, und ich ging, meist ohne daß ein Wort gesprochen worden wäre.

Eines Freitags kam ich wie gewöhnlich, grüßte, setzte mich. Fünf Minuten vergingen, dann zehn, dann zwanzig. Niemand schien sich um mich zu kümmern. Aus dem nahen Zimmer hörte ich Geräusche von Singen und Spielen. In gutem Glauben meinte ich, daß man es leid sei, solch einem Nichtstuer-Sādhu sein Essen zu servieren, und ich zog mich still zurück. Den anderen Tag erklärte mir Kuppusāmī, daß ich alles mißverstanden und in der absurden Art der Europäer reagiert hatte – als ob es je vorkommen könnte, daß eine brahmanische Dame die Gabe der Speise verweigert. Nein, Srī Nīlakanthas Gattin hatte mir an diesem Tag ein kleines Fest machen wollen. Sie pflegte mir zu reichen, was gerade im Haus war, und das war schon sehr gut, einmal wenigstens aber sollte ich etwas Besonderes erhalten. Während ich also meinen abwegigen Gedanken mich hingab und die Kinder spielten und tollten, war meine Gastgeberin in der Küche damit beschäftigt, allerlei Köstlichkeiten zu bereiten. Wie groß war ihre Enttäuschung, mich nicht mehr anzutreffen, als sie das Bananenblatt mit all den Gerichten herausbrachte! Sie schickte, mich zu suchen. Aber ich war weder auf der Straße noch auf dem Platz vor dem Tempel ... Ich mußte Kuppusāmī versprechen, nächsten Freitag mehr Geduld zu haben. – Dieser fiel übrigens auf einen Feiertag, der in Südindien besonders festlich begangen wird:

Vaikuntha ekādasī, der elfte Tag des Monats Mārgali, wo man nach strengem Fasten von ein oder zwei Tagen in der Familie ein besonders gutes und reichliches Mahl bereitet.

Am folgenden Donnerstag, Vigil dieses Ekadāsī, wurde ich auf der Straße von einem Mann angesprochen und gebeten, für einige Augenblicke bei ihm einzutreten. Während er mir Kaffee reichte, erklärte er mir, er sei ein Schüler des großen Seshadri gewesen, daß dieser „Heilige" ihn besonders geliebt und oft bei ihm Bhikshā empfangen habe. Daher müsse ich ihm die Ehre erweisen am folgenden Tag gegen 7 Uhr herunterzukommen und mit ihm zusammen das Fasten zu brechen. Ich konnte nicht ablehnen.

Ich kam zur genannten Stunde. Die Familie war bereit und erwartete mich; die Gattin des Schülers Seshadris, dem Gedächtnis jenes Heiligen ebenso ergeben wie ihr Mann, bediente mich mit herzlicher Ehrerbietung. Aus Gebärden und Worten war es offensichtlich, daß für sie der Sādhu, den sie heute speiste, wie eine Mūrti jenes großen Guru war, welchen sie an eben diesem Ort vor etwa dreißig Jahren bedient und verehrt hatten. Die Mahlzeit war, nebenbei gesagt, ganz vorzüglich.

Ich stieg wieder zu meiner Grotte hinauf und setzte mich friedlich nieder. Bald erschien ein Abgesandter der Ammāl von Vadalūr. „Kommen Sie essen", sagte er. Ich tat, als verstünde ich nicht, und blieb sitzen. Da erschien Rādhābāīs Schülerin selbst, und ohne auf meine Erklärungen zu hören, entführte sie mich gebieterisch zu ihrer Mutter.

Ich hoffte, ich könnte mir bei der Ammāl Gehör verschaffen, ihr zu Gefallen ein wenig Gebäck annehmen und gleich wieder gehen. Ach nein! Ich mußte mich vor meinem Blatt niedersetzen. Die Schülerin kam mit den Töpfen. Reis, Gemüse, Erbsenbrei häuften sich trotz meiner Bitten. „Genug, genug!" flehte ich. Die mich bediente, schaute zur Mutter, gleichsam fragend, ob sie meinem Wunsch Folge leisten solle. Ich flehte um Gnade. „Noch, noch", kam die unerbittliche Antwort der Äbtissin, die hoch aufgerichtet vor ihrem Opfer stand. Ich begann heroisch, doch in dem Maß, als die Berge auf meinem Blatt sich verminderten, wiederholte sich der Befehl, mir erneut vorzulegen. Und die Novizin, die ihre Dame nicht erzürnen wollte, gehorchte. Ich tat, was ich konnte; ach, ich hatte weder den Magen noch den Appetit eines ‚echten' Sādhu, und nach einiger Zeit ging es einfach nicht mehr.

Ich kehrte zu meiner Grotte zurück, legte mich nieder, verdaute ... Als ich mich wieder regen konnte, machte ich mir eine Schale sehr starken Tee.

Inzwischen näherte sich die schicksalhafte Mittagsstunde. Nachdem, was sich vorigen Freitag ereignet hatte – wie könnte ich jetzt nicht zu Nīlakantha hinuntergehen! Ich sprach mir also wieder Mut zu und stieg zur Stadt hinunter; unterwegs gingen mir die Ausreden durch den Sinn, welche ich gebrauchen würde, um einerseits meine Gastgeber nicht zu kränken, anderseits aber meine Aufnahmekapazität nicht zu überschreiten. Ich hoffte auch, daß die gute brahmanische Dame mehr Erbarmen zeigen würde als die unbarmherzige Ashram-Mutter. Ja! Aber ich hatte vergessen, daß dies ein Festessen war. Zu den drei oder vier Gängen einer normalen tamilischen Mahlzeit kamen eine Menge Zugaben, die sich auf meinem Blatt häuften, ohne daß ich „Halt!" rufen konnte. Wiederum tat ich mein Bestes, sprach meinem armen Magen Mut zu, beglückwünschte ihn zu seinen Bemühungen und seiner Bereitwilligkeit und trat schließlich langsam den Rückweg zum Berg an. Unterwegs wollte mir jemand Früchte anbieten. Ich flüchtete, ohne ihm Antwort zu geben.

Zurückgekehrt, legte ich mich wieder lang ausgestreckt hin. Und bis zum folgenden Abend vermochte nichts mehr, außer ein paar Schluck Tee, die Schwelle zu überschreiten.

Shiva hatte mich gefaßt. Es war mir nicht in den Sinn gekommen, zusammen mit seinen Verehrern zu fasten. Er fand das Mittel, mir am andern Tag ein noch strengeres Fasten aufzuerlegen. Oder vielmehr eine Lehre vom Herrn, zu erkennen, daß Er im Fasten nicht gegenwärtiger ist als in Festmählern, in der hohen Konzentration des Geistes nicht mehr als in der physischen Unmöglichkeit zu meditieren.

Das Selbst ist überall in sich selbst. Und wenn du es feierlich suchen gehst, bewaffnet und bepackt, um ihm am Ende von gelehrten Abhandlungen, tiefen Meditationen, Wochen und Monaten des Schweigens, des Fastens und der Einsamkeit zu begegnen – plötzlich zieht ein kleiner Kobold an einem Faden, wirft alles über den Haufen, macht dir eine lange Nase und springt davon: Warum gehst du so weit, *dich* zu suchen? *Bist du nicht ebensoviel, wenn du ißt und wenn du verdaust, wie wenn du im Lotossitz dasitzt, wohl bewußt, daß du meditierst, auf der Suche nach* dir?

Als ich wieder nach Arunāchala zurückkehrte[14], fand ich „meine" Grotte besetzt durch einen Sādhu von auswärts. Rādhābāi Ammeyā schlug mir vor, mich in ihrer früheren Einsiedelei, die noch in recht gutem Zustand war, einzurichten. Hier lebte ich einige Wochen in großem Frieden und verbrachte wunderbare Stunden in der Grotte, wo der Kopf den Felsen über ihm berührte.

Hier hatte ich eines Nachmittags den Besuch eines seltsamen Sādhu: Ein großer alter Mann mit nur einem Stofflappen zwischen den Schenkeln und gewaltigen Haarsträhnen, die ihm bis auf die Knie herabfielen.

Früher hatte er an den Hängen von Arunāchala gelebt, damals, als auch Ramana noch hier war. Jetzt wohnte er in Tīrthamalai, im Distrikt von Salem. Dort lebte er ganz nackt. Tagsüber, so erklärte er mir, streckte er sich in der Sonne aus; dank diesem Wärmevorrat fühlte er in der Nacht die Kälte nicht. Im übrigen sei sein Körper ganz „getrocknet". Um Speise sorgte er sich nicht: er nahm ein wenig Reisbrei, wenn Leute ihm dies brachten, und in der Nähe war eine Wasserquelle, um

---

[14] Am 4. November 1953 (s. oben Anm. 3). Am 18. Dezember schreibt er an seine Schwester Marie Thérèse:

„Ich bin kurz nach Allerheiligen zu meinem Berg zurückgekehrt und werde erst nach Weihnachten abreisen. Diese Gelegenheit ist zu günstig, Weihnachten in einer echten Grotte in Schweigen und Einsamkeit zu verbringen." In demselben Brief beschreibt er sein tägliches Menü: „Täglich mache ich mir ein wenig Brei aus Hirsemehl auf einem Feuer von trockenen Dornen zwischen zwei Steinen, morgens und abends eine Tasse Tee. Manchmal besuche ich einen Brahmanen, der mich einlädt, dann werde ich sehr freundlich empfangen ..."

seinen Durst zu löschen. Hunger plagte ihn nicht. Ich bot ihm eine Banane an; er brachte kaum die Hälfte hinunter.

Er sah einige Bücher bei mir. „Sie lesen", sagte er zu mir, „wozu?" „Bücher öffnen Sie, lesen und schließen Sie, und bald haben Sie sie vergessen. Was mich angeht", fuhr er fort, „ich kann weder lesen noch schreiben, und ich bedaure das keineswegs. Ich habe aber ein Buch, das ich nicht aufschlagen muß, weil es niemals geschlossen ist, das nicht von Menschenhand geschrieben ist, weder beschmutzt werden noch verlorengehen oder zerreißen kann. Mein Buch ist immer offen, ist immer ganz neu: Das Buch im Innern meines Herzens."[15]

Dann sprachen wir von den ‚Sāmīs'[16] des Tempels. Es war damals gerade die große Novene in Vorbereitung auf das Thībam-Fest. Jeden Tag wurden die Statuen in prunkvoller Prozession um den Tempel getragen.

„Sind Sie zum Tempel gegangen, um das Darshana der Sāmīs zu haben?" fragte ich ihn.

„Wozu?" antwortete er mir wiederum. „Das alles ist wie Ihre Bücher. Stein, Holz, Gold oder Silber – all diese Sāmīs sind doch nur gemacht, sind vergänglich. Es gibt nur einen Sāmī, dessen Darshana zählt, Ihn, der allezeit und für immer im Herzen wohnt."

Die Belehrung hinsichtlich der Loslösung, die Arunāchala mir unaufdringlich durch diesen wahren Sādhu gab – sie wurde mir einige Tage später in viel ausdrücklicherer Weise eingeprägt.

Es war drei oder vier Tage nach dem Fest. Ich war hinabgestiegen, um mich von einigen Sādhus zu verabschieden; als Pilger gekommen, waren sie jetzt im Begriff, wieder aufzubre-

---

[15] Hierzu lesen wir im Tagebuch mit Datum vom 4. Dezember: „Wer nicht sich selber begegnet ist, wie könnte er Gott begegnen. Man begegnet sich nicht unabhängig von Gott, und man begegnet Gott nicht unabhängig von sich. Wenn man sich nicht selbst begegnet ist in seiner inneren Nacktheit, die die äußere Nacktheit weit übertrifft, lebt man in der Welt, die man selber gemacht hat, der Welt seiner Vorstellung, seines *mind* (des Mentalen)."

[16] Tamil-Wort für *Swāmī*. Hier bedeutet es die Idole, die Götterstatuen.

chen. Vor allem war da ein Muni, der im Tempel von Chidambaram lebte. Auch er war wegen des Festes gekommen, hatte aber darum nicht sein Schweigen gebrochen. Wir waren einander begegnet und hatten lediglich einige Gesten ausgetauscht, einander zugelächelt, einander tief in die Augen geschaut, und das hatte genügt.

Nach dem Abschiednehmen war ich ruhig wieder zu meiner Einsiedelei hinaufgestiegen, unterwegs wie gewöhnlich einige trockene Dornen auflesend, mir meinen Brei zu bereiten. Ich komme hin, öffne die Tür mit dem riesigen Schlüssel, den Rādhābāi mir anvertraut hatte, und sehe zu meiner Überraschung das Kästchen, in dem ich meine persönlichen Dinge verschloß, offen und am Boden liegend. Ein Loch im Strohdach zeigte deutlich, auf welchem Weg die Besucher gekommen waren. Zuerst dachte ich an einen Streich unserer Freunde, der Affen, die immer darauf aus sind, Schachteln und Töpfe zu öffnen, wenn man sie draußen vergißt oder drinnen, wenn man die Tür offen läßt, immer der Meinung, daß wir mit unserem guten Herzen da eine Bhikshā, ein Prasādam für sie versteckt haben! Aber, wie geschickt sie auch sein mögen, Affen können nicht ein Vorhangschloß mit einer Zange öffnen.

Arunāchala hatte an diesem Tag eine unvorhergesehene Verkleidung angenommen, um den sogenannten Sādhus, die es sich in seinen Felsspalten bequem gemacht hatten, zu verstehen zu geben, daß er von seinen ‚wahren‘ Jüngern eine andere Loslösung von menschlichem Besitz erwarte.

Die Diebe waren übrigens sehr anständig gewesen. Sie hatten alles durchwühlt, hatten aber weder das Hirsemehl angerührt noch die Baumwolldecke, die ich gerade am Vortag für zwei Rupien gekauft hatte. Lediglich drei Zehn-Rupien-Scheine, die sie zwischen meinen Identitätspapieren fanden, hatten sie in ihren Besitz übergehen lassen [17].

---

[17] Im Tagebuch zieht er die Schlußfolgerung: „Der Einsiedler in seiner Grotte hat noch nicht die völlige Loslösung vollzogen. Ich war zu gut eingerichtet in Rādhābāis kleinem Haus. Darum hat das ‚Selbst‘ die Gestalt eines Diebes angenommen, um mich aus meiner Ordnung zu stoßen und

Meine Überraschung freilich war vollkommen gewesen, und ich hatte einige Mühe, mich von ihr zu erholen. Mein Freund vom Tempel Arunāchala Aiyar suchte mich zu überreden, mich von all diesen Belastungen zu befreien, wie er mich unter einem Mandapam niederzulassen, und von Bhikshā zu leben. Realistischer war der Rat Vadalūr Ammāls, in meine vorige Grotte zurückzukehren. Zumindest war das Dach aus Felsen, und die Tür würde schwieriger aufzubrechen sein als das Stroh. Auf diese Weise also kam ich wieder zu meiner Grotte an der Quelle der Gnadenmilch.

Am Weihnachtsabend war ich noch dort. Und an diesem Tag wurde meine Grotte von einer Gruppe frommer Frauen aus Andhra besucht. Sie waren zum Samādhi Srī Ramanas gepilgert, anläßlich seines *jayanti,* seines Geburtstages. Bei dieser Gelegenheit besuchten sie die Grotten am Berghang, um das Darshana der ‚Heiligen‘, die dort lebten, zu erhalten. Natürlich wollten sie keinen auslassen: so ein frommes Werk und eine so seltene Möglichkeit, eine ganze Reihe von ihnen in wenigen Vormittagsstunden zu verehren. Da ich einer dieser ‚Heiligen‘ war, mußte auch ich meinen Teil an ihrer Huldigung erhalten.

Nacheinander betraten sie meine Grotte, nacheinander warfen sie sich nieder, legten ihre fromme Gabe von Früchten vor sich hin, berührten mit der Stirn den Staub zu meinen ‚Lotosfüßen‘, berührten diese anbetend mit den Händen und murmelten „Shiva, Shiva!“ Sie gewahrten die Öffnung im Hintergrund, verschwanden darin, entdeckten die innere Grotte, drangen bis dorthin vor und kehrten begeistert zurück. Wiederum stellten sie einige kleine Gaben vor mich hin und gingen weiter, zum ‚Heiligtum‘ gegenüber.

Hatte nicht auch diesmal Arunāchala mir ein Zeichen gegeben? Wenn ich wirklich ihm ganz vertraute, würde er seine

mich zur völligen Entäußerung einzuladen. Ich hätte nichts begriffen, wenn ich mir lediglich Geld hätte überweisen lassen, um die Situation von vorgestern wiederherzustellen.“

Anbeter senden, für das Nötige zu sorgen – und sogar für eine kleine Extra-Gabe zum Weihnachtsfest [18].

Die Almosen der „Kleinen" rührten mich sehr. Noch sehe ich jene armen Bauern vor mir, welche während des Festes zu den Einsiedeleien heraufkamen, auch in die meine. Einer von ihnen knüpfte langsam und schwer seinen Gürtel auf, zog aus den Falten ein Stoffsäckchen und entnahm diesem eine Kupfermünze, ¼ Anna, und bot sie mir andächtig dar. In meinem Leben hat wenig mich so tief im Herzen bewegt wie dieser Heller des armen Bauern. Durch diesen Armen, so schien es mir, hatte Arunāchala mich endlich als einen der Seinen anerkannt.

Es war dies übrigens das letzte Mal, daß ich mich der Grotte von Arut-pāl erfreuen konnte. Ein junger Mann von Vellimalai, ‚Silbergebirge', begehrte sie und wartete nur auf meine Abreise, um sich dort einzurichten. Er war ganz in Weiß gekleidet, denn er hatte sich den Heiligen von Vadalūr, Rāmalinga Swāmigal, zum Vorbild seiner Askese und auch seiner äußeren Erscheinung genommen. Er hatte bei sich eine Schülerin – *virgo subintroducta* –, ihm zu dienen und darüber zu wachen, daß nichts die Meditation und das Sādhana ihres Herrn und Meisters störe. Beide blieben dann einige Jahre dort, darauf stiegen sie zu Seshadris Samādhi hinunter, und schließlich mieteten sie ein Haus in der Nähe des Ashrams.

Im April 1954 verbrachte ich gesegnete Tage im Skanda-Ashram, dank der freundlichen Erlaubnis des Präsidenten des Ashrams. – Das war damals der älteste Sohn Swāmī Niranjanānandas.

Bei einer anderen Gelegenheit lebte ich über einen Monat in der Grotte, die der berühmte Sādai Sāmī für sich selber eingerichtet hatte, am Ufer des Mulaippāl Tīrtham. Hier war die geheimnisvolle geistliche Ausstrahlung vielleicht noch stärker als in allen anderen Stellen, die zu bewohnen mir vergönnt

---

[18] Im Tagebuch schreibt er am 25. Dezember: „Weihnachten in der Tiefe des Grundes, im Herzen Arunāchalas; Erste Vesper und Matutin gesungen."

war. Nirgendwo, auch nicht in der Hauptgrotte, konnte man ganz aufrecht stehen. Zur Rechten war eine Höhlung, in der man gerade mit gekreuzten Beinen sitzen konnte. Hier war ich einmal, als Leute hereinkamen, bis zur Rückwand der Grotte gingen und diese wieder verließen, ohne zu bemerken, daß da ein Bewohner war. An der Rückwand war im Felsen ein Loch; um da hineinzukommen, mußte man sich auf den Boden legen und wie eine Schlange kriechen. Auf diesem Weg kam man in eine sehr verborgene Krypta. Das war ein beinahe würfelförmiger Raum, ungefähr 6 Fuß lang, ebenso hoch und nicht ganz so breit. In der Wand war eine Nische, wo Sādai Sāmī zu seiner Zeit ein Bild der Shakti aufgestellt hatte, vor dem, so sagte man, er sich außerordentlichen Praktiken des devotionalen Yoga *(bhakti-yoga)* hingab.

Wie dem auch sei, die Krypta strahlte eine außerordentlich weihevolle Atmosphäre aus. Alle alten Mythen von der nährenden und fruchtbaren Erde kamen einem in den Sinn. Unmittelbarer als im *mūlasthāna* oder *garbhāgṛha* war hier das Mysterium gegenwärtig: in diesem verborgenen Heiligtum, dahin man nur allein und von allem entblößt, wie im Mutterleib, gelangen konnte, das Mysterium der göttlichen Wiedergeburt, das sich unter beinahe sakramentalen Zeichen kundgab.

Meine letzte Grotte im Berg war diejenige, die ich mir von Anfang an besonders gewünscht hatte, doch immer vergebens, denn immer war sie besetzt gewesen: die Grotte von Virupaksha, wo Srī Ramana so lange gelebt hatte.

Er hatte die Grotte mit der von Skanda vertauscht, 200 m darüber, kurz nach der Ankunft seiner Mutter. Bei Virupaksha war es nicht möglich gewesen, die notwendigen Gebäude für eine stets wachsende Schülerzahl zu errichten. Der Ashram von Skanda war Eigentum der Institution, zu der Ramanas Ashram notwendigerweise wurde; statt Sādhus gab es nun Wächter, stets ein oder zwei, um alles in Ordnung zu halten und Pilger zu empfangen. Die Grotte von Virupaksha dagegen hatte man aufgegeben, und wer immer wollte, konnte sie nach Belieben benützen.

Diese Grotte ist weiträumig, fast elliptisch, in Gestalt des

OM, sagt man. In ihr ist das Samādhi Virupaksha Devas, eines shivaitischen Heiligen, der hier vor sechs oder sieben Jahrhunderten lebte, gleichzeitig mit Namashivāya – in seiner etwas unterhalb gelegenen Grotte, die später in einen Tempel umgewandelt wurde. Die Grotte von Virupaksha liegt in einer gewissen Entfernung vom Mulaippāl, und es stellt sich das Problem des Wassers. Es gelang mir aber, unter einem Felsen eine kleine Vertiefung im Kies herzurichten, die das langsam tropfende Wasser auffing. Ich hoffte hier die Einsamkeit und das Andenken des großen Bewohners der Höhle genießen zu können. Ach! Etwa 100 m unterhalb war ein Teich, zu dem morgens und abends Menschen kamen – sich zu baden, Wäsche zu waschen, zu schwatzen: die neuen Generationen kannten nicht mehr die Ehrfurcht und fromme Scheu, welche die Vorfahren gehindert hatte, zu profanen Zwecken am Berg zu erscheinen. Mehr noch, es gab damals zwischen dem Tempel und dem Fuß des Berges nicht nur ein Kino oder Theater, sondern auch einen Pandal, wo ein Händler in Weisheit tagtäglich das Mahābhārata kommentierte. Nicht zufrieden mit der wenig zahlreichen Zuhörerschaft, hatte er Lautsprecher aufgestellt, welche seine Vorträge von allen Felsen des Berges widerhallen ließen. Nach noch nicht zwei Wochen ergriff ich die Flucht.

Beim folgenden Aufenthalt begnügte ich mich prosaisch mit dem Gelände von Mahasthan, ganz nahe beim Ashram, wo ich im Jahr 1950 gewohnt hatte. A. Bose, der hier eine Reihe von Häusern und Hütten hatte erbauen lassen, war ein ‚bengalischer Tiger‘, welchen lediglich die Gnade des Maharshi hatte beruhigen können. Er war Student in Kalkutta während der Agitation gegen die britische Besatzung, welche Bengalen am Vorabend des Krieges von 1914 beunruhigte. Nie ging er ohne Revolver aus, zum Schrecken seiner Mutter, die ihn kniefällig gebeten hatte, ihn nicht zu gebrauchen. Es war die Zeit, da ein anderer Student, sein Klassenkamerad, geradewegs in das Büro des Polizei-Superintendenten eingedrungen war, ihn aus nächster Nähe niederschoß und, ohne mit der Wimper zu zucken, in Kauf nahm, daß er zwei Wochen später zum Galgen geführt wurde. Bose mußte unter falschem Namen aus Indien fliehen, er reiste durch Europa, studierte in Deutschland. Er ging sogar nach Rußland, und er hatte Beziehungen zu Parteien der Linken. Dadurch konnte er nach Indien zurückkehren, als in Großbritannien die *Labour-Party* zur Macht kam.

In Kalkutta freilich war er zu gut bekannt; so ließ er sich lieber in Bangalore nieder, wo er eine Fabrik chemischer und pharmazeutischer Produkte betrieb. Eines Tages brachte jemand ihn in Kontakt mit dem Maharshi. Er wurde überwältigt. Bald kaufte er ein Grundstück, wo er zunächst eine Villa für seine Mutter errichtete, dann aber auch Häuschen für andere Familienmitglieder und Freunde.

Er hatte einen ungewöhnlich begabten Sohn, der ihm in Deutschland geboren worden war. Der Sohn starb 18 Jahre alt, und er fiel in sinnlose Verzweiflung. Er weigerte sich entschieden, den Maharshi wiederzusehen: „Euer verdammter Bhagavān! Konnte er mir nicht meinen Sohn erhalten?" so antwortete er wütend denen, die ihn dorthin zurückbringen wollten. Allmählich aber gewann der sanfte, friedliche Einfluß die Oberhand – so pflegte er später zu erzählen. Er kehrte zum Ashram zurück, warf sich vor ‚Bhagavān' nieder und errichtete auf seinem Gelände ein Samādhi, das die Asche seines Kindes aufnahm.

In Tiruvannāmalai interessierte er sich wenig für seine Geschäfte. Eines Morgens war ich bei ihm, als die Post kam. Da war ein Aktenbündel, eingeschrieben, das seine Sekretäre geschickt hatten. „Was soll ich mir die Mühe machen, es zu öffnen", sagte er zu mir. „Ich weiß, daß sie dies ordnungsgemäß erledigt haben, in der Gewißheit, daß ich es anschauen und prüfen werde. Das genügt."

Eines Tages beschloß er, Sannyāsa zu nehmen. Er kaufte ein Stück groben Stoff, schnitt davon zwei Streifen. Einen schlang er um die Hüften, den anderen zog er zwischen den Beinen durch. Dann schritt er zum Ashram, warf sich dem Maharshi zu Füßen und erklärte ihm, daß er mit allem abgeschlossen und die Welt aufgegeben habe. Jetzt sei er ein Sannyāsī.

„Oh", sagte Ramana, als er ihn sah. „Der Leib hat das Ge-

wand des Sannyāsī angelegt, hat auch das Herz dies getan?"
Ach, der ‚bengalische Tiger' mußte zugeben, daß trotz seiner
Verehrung für Bhagavān die ‚Wünsche' noch in seinem Her-
zensgrund aufstiegen, daß er noch weit von Verzicht entfernt
war.

„Schau", fuhr der Maharshi fort, „was nützt es, Sannyāsa zu
nehmen, wenn du dir heute in dem Gedanken gefällst – und·
darin, andern dies mitzuteilen –, daß du nunmehr ein Sannyāsī seist. In deiner Jugend sagtest du: ‚Ich bin ein Student', dann
hast du gesagt: ‚Ich bin ein Revolutionär', darauf: ‚Ich bin ein
verheirateter Mann, ein Familienvater, ein Intellektueller',
jetzt sagst du: ‚Ich bin ein Sannyāsī'. Was ist in alledem der Unterschied hinsichtlich dessen, was *ist?* Es nutzt wenig, das At-
tribut zu ändern, wenn das Subjekt erhalten bleibt. Das
Subjekt, das Ich muß verschwinden, wenn das Selbst sich offenbart. Auf das Ich muß man verzichten, nicht auf irgendeinen Lebensstand."

Zu dem gleichen Thema erzählte mir Bose die Antwort, die
der Maharshi jemandem gab, der einen Schüler rühmte, weil er
acht bis zehn Stunden am Tag meditiere.

„Ach", sagte Baghavān, „*er* meditiert, *er* ißt, *er* schläft. *Wer*
meditiert? *Wer* ißt? *Wer* schläft? Was nützt es, zehn Stunden
am Tag zu meditieren, wenn dies schließlich nur dazu führt,
dich ein wenig mehr in der Überzeugung, daß *du* meditierst,
zu befestigen?

Meditiere nicht: sei.

Denke nicht, daß du seist: sei.

Bemühe dich nicht zu sein: du *bist.*"

Bose war ein Jñāni, oder zumindest war es der Jñāna–Weg,
der ihn anzog. Er fühlte sich nicht, wie so viele andere in der
Umgebung des Ashrams, zum Bhakti-Weg hingezogen. Womöglich täglich das Darshana des Maharshi haben, sich vor
ihm oder vor seinem Bild niederwerfen, mit Gemütsbewegung
von ihm sprechen – das bedeutet nur ebenso viele Abwechs-
lungen und entbindet vom entschiedenen Streben nach dem
Selbst, vom Aufgeben der Wünsche und Lösen der Bindungen,
selbst der so geliebten an den Guru!

Bose sprach besser als die meisten über den Jñāna-Weg, er schrieb auch darüber, denn er hatte einen feinen Intellekt; aber er schmeichelte sich nicht, das Ziel erreicht zu haben. Inkonsequenz Indiens! Oder vielleicht einfach das Spiel der Māyā. Wenn Jñāna wesentlich formlos ist, paßt es sich dann nicht allen Formen an? Der Jñāni Bose hatte eine Statue Bhagavāns im zentralen Bungalow des Mahasthan aufgestellt. Und selbst wenn er abwesend war, sorgte er dafür, daß jemand regelmäßig Blumen und Lichter erneuerte. Er war sogar stolz, daß er als Reliquien einige abgeschnittene Fingernägel und Barthaare Bhagavāns hatte sammeln können.

In eben diesem Gelände von Mahasthan, lebte eine Telugu-Familie, die schon seit vielen Jahren in der Nähe des Ashrams sich aufhielt. Der Vater war Professor gewesen und genoß einen gewissen Ruf als Schriftsteller. In seiner Jugend hatte er weder an Gott noch an den Teufel geglaubt und alle Beschränkungen seiner Kaste leidenschaftlich zurückgewiesen. Man sagte sogar, daß er der Verfasser einiger sehr freizügiger Werke sei.

Auch er war von Srī Ramana besiegt worden und lebte mit seiner Frau, seinen Töchtern und einigen Freunden im Schatten des Ashrams.

Jeden Abend um ½8 Uhr wurde in seinem Hause das *Bhajan*[19] gehalten. Wer immer wollte, konnte kommen und daran teilnehmen. An manchen Tagen war das Haus dicht gefüllt. Die älteste Tochter führte den Gesang an. Alle fielen ein, singend und den Rhythmus markierend, die einen mit den Händen, andere mit Zimbeln. Zunächst kamen etwa zehn Eröffnungsverse, kurze Wortfolgen, die sich unzählige Male wiederholten, in der gleichen Melodie, aber in verschiedener Höhe und in wechselndem Rhythmus:

---

[19] *Bhajana s. Glossar.*

„Saccidānanda sadguru Ramana!
Jaya Rām, jaya Rām, jaya jaya Rām!
Hare Rām, Hare Rām, Hare Hare,
Hare Krishna, Hare Krishna, Hare Hare!
He Bhagavān, jaya Bhagavān, prabhu Bhagavān, priya
    Bhagavān!"

und vor allem das verzaubernd beschwörende:

„Arunāchala Shiva, Arunāchala Shiva, Arunāchala,
Arunāchala Shiva, Arunāchala Shiva, Arunāchala!"

das unermüdlich wiederholt wurde – am Fuß jenes Berges, dessen heiliges Dreieck uns mit seinem Geheimnis überragte in jenen Stunden abendlicher Sammlung.

Danach war jeder eingeladen, sein eigenes Lied vorzutragen.
Da konnten alle Sprachen, indische und auswärtige, Revue pas-
sieren. Einmal waren es deren fünfzehn, einschließlich Grie-
chisch und Hebräisch mit dem *Kyrie* und dem *Halleluja;* und vor
allem auch mit der Sprache von Breiz Izel (der Bretagne), in Gestalt der so tief religiösen Nationalhymne: *O Breiz ma Bro!*

Wenn einer sein Bhajan beendet hatte, mußte er den Inhalt
auf Englisch oder Tamil wiedergeben, damit alle vollkommen
an diesem Fest der Herzen teilnehmen konnten.

Unter den häufigen Gästen des Ashrams waren zwei Brahmachārīs, Schüler von Ānanda Māyī. Einer war aus Bengalen,
der andere aus Gujarat. Besonders der Bengali nahm mit herzlicher Innigkeit an dem Bhajan teil; oft führte er es an, begleitete
auch Gesänge auf einem Harmonium. Ich war der ‚Mā', Srīmatī Ānanda Māyī noch nicht begegnet, aber natürlich hatte
ich viele von ihr sprechen gehört. Besonders Bose war enthu-
siastisch – er, der über andere berühmte Swāmīs recht streng
urteilte, sie als „Propaganda-Swāmīs" bezeichnete. Sie stammte
aus Bengalen, wurde aber in ganz Indien verehrt. Schüler
strömten zu ihr, auch aus dem Westen. Jedermann erzählte
Wundergeschichten von ihrer Heiligkeit und der Gabe der See-
lenschau. Sie hatte Ashrams im ganzen nördlichen Indien, von
Bombay über Benares bis Kalkutta und bis Solan, Dehra Dun
und Almora im Himalaya. Gemäß ihrer Inspiration begab sie

sich zu dem einen oder dem anderen. Ihr Programm war stets unvorhersehbar. Sie verteilte auch ihre Schüler gemäß den Bedürfnissen ihres Sādhanas; so wachte sie z. B. darüber, daß auf eine Periode der Zurückgezogenheit eine Zeit der Tätigkeit folge und umgekehrt, um zu verhindern, daß ein Schüler sich in der Einsamkeit seiner inneren Vorstellungen einschließe oder im Gegenteil, sich in überwuchernder Tätigkeit veräußerlichte und zerstreue. Man erzählte von ihr seltsame Dinge, wie auch von ihrem Landsmann Rāmakrishna Paramahamsa. Doch warum sollten wir die Möglichkeiten der Līlā des Herrn auf unsere Kategorien beschränken? Einige stört die dithyrambische Verehrung, mit der ihre Schüler sie umgeben ... Doch es kann nicht zweifelhaft sein, daß Ānanda Māyī ihr ganzes Leben lang ein Kanal reicher Gnaden für viele Seelen gewesen ist. Ist das nicht die Hauptsache?

Jedenfalls bezeugten die beiden Schüler in Tiruvannāmalai den geistlichen Einfluß ihrer Mutter. Bescheiden und unauffällig bereiteten sie selber ihr Essen, nahmen es aber nie vor Beendigung ihrer langen Andachtsübungen und Pūjās, die sie der göttlichen Shakti darbrachten; genau hielten sie ihre Tage des Schweigens und des Fastens – so gewannen sie Wertschätzung und Zuneigung aller Gäste des Ashrams. Und man bewunderte nicht minder Mās geistliche Kunst, die für ihr Sādhana gerade diese beiden miteinander geschickt hatte: zwei Schüler von ganz verschiedenem Temperament.

Bose hatte mir die Geschichte ihrer Ankunft in Tiruvannāmalai erzählt. Bharadwāj, der Gujarati, arbeitete in Bombay und hatte viel von Ramana Maharshi sprechen hören. Er hegte die Hoffnung, eines Tages selber nach Tiruvannāmalai zu kommen und sich der geistlichen Leitung des Weisen von Arunāchala anzuvertrauen. Verschiedene Umstände hatten ihn zurückgehalten, und der Maharshi verließ die Welt, bevor der junge Mann seinen Plan ausführen konnte. Wenig später begegnete er Ānanda Māyī und schloß sich ihr an; in seinem Herzen blieb die Sehnsucht nach Arunāchala, doch er eröffnete sich niemandem, auch nicht der Māyī. Einmal jedoch war Bose in Mās Ashram in Vārānasī; und als Bharadwāj hörte, daß Bose ein Schüler des Maharshi sei, vertraute er ihm seinen Traum an: eines Tages wenigstens den Samādhi des Maharshi zu besuchen und den Berg Srī Arunāchalas.

Wie groß war nun Boses Überraschung, als er eines Morgens seine Post öffnet und einen Brief von Mās Sekretär findet, welcher ihm ankündigt, daß Bharadwāj und ein anderer Schüler im Begriff seien, nach Tiruvannāmalai zu kommen, und ihn bittet, für ein Quartier zu sorgen! Zufällig war ich in diesem Augenblick gerade bei Bose.

Wie ich dann später von Bharadwāj hörte, war er selber überrascht gewesen, als er von Mā eine Karte erhielt. Er solle sich an einem bestimmten Tag in die Stadt Pūrī begeben, wo er einen Gefährten treffen würde, und mit diesem zusammen solle er unverzüglich eine Pilgerfahrt zu den heiligen Stätten Südindiens beginnen. Ihre erste Station solle Tiruvannāmalai sein, und dort sollten sie bleiben, bis sie von Mā weitere Anweisungen erhielten!

Etwa zur selben Zeit begegnete ich einem anderen Gujarati, von ganz anderer Art. Er hieß Jagdīsh – *jagad-īśa*, ‚Herr der Welt', einer der zahlreichen Titel Shivas, unter welchem Namen ihm der berühmte Tempel von Pūrī geweiht ist. Jagdīsh lebte in Bombay und war recht vermögend. Mehrmals war die Familie nach Tiruvannāmalai gepilgert, um Srī Ramanas Darshana zu haben.

Einige Jahre später sah man Jagdīsh wiederum in Tiruvannāmalai, und man konnte den eleganten und wohlhabenden Mann, der so oft zum Ashram gekommen war, kaum wiedererkennen. Nun sah er wie ein Bettler aus, fast nackt, mit struppigem Haar und Bart, und saß fast ununterbrochen im Tempel nahe dem Pātālalinga. Er sprach nicht, lebte von dem, was er erbettelte, oder was einige Leute ihm besorgten – denn die Familie, die ihn nicht hatte ‚zur Vernunft bringen' können, hatte einige Freunde gebeten, sich nach Möglichkeit seiner anzunehmen.

In seiner Verehrung für Ramana und in seiner Ungeduld, auf kürzestem Weg die Gipfel spiritueller Verwirklichung zu erreichen, meinte Jagdīsh, daß er alles, was Ramana in seiner Jugend getan hatte, äußerlich genau wiederholen müsse:

Schweigen, Nacktheit, Almosen-Empfangen usw., vor allem, daß er an jedem Ort, wo Ramana gelebt und meditiert hatte, eine bestimmte Zeit verbringen müsse. So hatte er einige Wochen oberhalb der Krypta des Pātālalinga gelebt, an eben jenem engen Gang gesessen, durch welchen die Pradakshinā der Pilger führte. Dann suchte er sich Plätze an verschiedenen Mandapams des Tempels. Dann ging er zum Gurumūrtham an der Straße nach Villupuram, wo Ramana einige Zeit gelebt hatte. Dann waren es die Hänge von Pāvalakundru, dann der Berg, schließlich die Grotte von Virupaksha ...

Man versuchte, ihm zuzureden. Ein solches Tapas darf niemals willkürlich in Angriff genommen werden, es muß spontan aus dem Innern entspringen, oder andernfalls vom Guru gutgeheißen sein und sehr genau von ihm überwacht werden. Jagdīsh war freilich überzeugt, daß Ramana selbst ihn innerlich führe. Er lächelte an, die ihm gute Ratschläge gaben; aber er verfolgte seinen Weg unerschütterlich weiter.

Betusāmī war ein junger Telugu aus Andhra, der einem falschverstandenen Sādhana erlag. Durch zwölf oder fünfzehn Jahre wahrte er Schweigen. Zuerst lebte er in Pālakothu, dann hatte er sich in einem der vielen verlassenen Tempel am Berg eingerichtet. Einmal zeigte mir die Ammāl von Vadalūr eine große Photographie, die Betu ihr verehrt hatte, und bat mich, ihr die Widmung auf der Rückseite des Rahmens vorzulesen; sie war in einer Mischung von Hindi und schlechtem Englisch geschrieben, und ich traute meinen Augen nicht: Betu erklärte, daß sein Schweigen – „ein sehr großes Schweigen" – eines Tages seine Belohnung erfahren werde. In einem bestimmten Jahr werde er König; die Leute im Ashram, die sich ihm zuvor widersetzt hätten, würden dann ihre verdiente Strafe erhalten. Das ergäbe sich aus seinem Horoskop, wie es ihm einmal ein Swāmī ausgelegt habe ...

Der Jñāna-Weg ist zweifellos[20] der höchste von allen. Man

---

[20] Abhishiktānanda sagt hier „*sans contredit*". Aber natürlich „widersprechen" Anhänger anderer Wege mitunter; nicht alle sind bereit zuzugeben, daß sie selber auf einem vorbereitenden Weg wandeln, der schließlich im Jñāna-Weg seine Erfüllung und sein Ziel findet.

muß ihn aber recht verstehen. Zwischen dem äußerlichen, phänomenalen Bewußtsein, in dem die meisten Menschen leben und sterben, und dem ‚Bewußtsein‘, das alles im Ātman erfährt, wo die wahren Jñānis sind, gibt es einen weiten Bereich, zwischen Himmel und Erde – *antarikṣa* – das ‚Zwischen-beiden‘ der Sanskrit-Tradition. In der modernen Psychologie nennt man es das Subliminale. Der geringste Rechenfehler kann verursachen, daß die Rakete, statt sanft auf Mars oder Venus aufzusetzen, auf eine Kreisbahn um die Sonne geschickt wird. Bei der Bahn des Jñāna sind die geringsten Abweichungen am Beginn nicht minder gefährlich – ja gefährlicher noch, insofern es sich um Yoga handelt: Man sagt, man verlasse sich *selbst;* doch statt zum SELBST zu gelangen, riskiert man, in den dunklen und unkontrollierbaren Regionen der Psyche sich zu verlieren, dort, wo unter den abwegigsten Formen wiederum das Ich herrscht.

Die puranische Mythologie erzählt die Geschichte jenes Königs Trīsanka, den das Tapas und die Yajnas Vishvamitras geradewegs zum Himmel geschickt hatten, ohne daß der Rishi sich zuvor vergewissert hatte, daß man ihn droben aufnehmen werde. Der Götterfürst Indra, erbost über solche Kühnheit, wies den Vermessenen ab; der konnte nicht in den Himmel gelangen, noch auch zur Erde zurückkehren, und muß nun auf unausdenkliche Zeiten in dem ‚Zwischen-beiden‘ umherirren ...

Doch, wie Srī Gnānananda [21] es köstlich ausgedrückt hat: „Daß der Sohn des Nachbarn gestorben ist, ist kein Grund, daß ich nicht heiraten sollte.“ Die Verirrungen und Niederlagen der einen sind für die anderen eine Aufforderung, ihre Mittel genauer zu kalkulieren.

---

[21] Er begegnete ihm zum ersten Mal vom 12. bis 15. Dezember 1955. S. das Buch *Gnānananda*, deutsch: *„Das Feuer der Weisheit“* (München 1978).

4

Zwei Schüler des Maharshi

Zum ersten Mal begegnete ich Harilāl in der Grotte von Arutpāl Tirtham, es war Freitag, der 13. März[1].

Es war etwa 4 Uhr nachmittags. Ich saß auf der Steinbank vor der Grotte. Zwei Männer kamen über den schmalen Weg, der meinen Felsen von dem Häuschen Lakshmī Devīs trennte. Sie stellten sich vor und setzten sich bei mir nieder. Einer war ein Tamile, doch es war bald klar, daß er nur zur Begleitung des anderen gekommen war; vielleicht einfach, um ihm zu helfen, mein Versteck am Berghang zu finden. Dieser andere war ein Brahmane aus dem Panjab, der jetzt aber im Süden wohnte – in Madras oder Mysore, ich verstand nicht genau. Seine Familie hatte er irgendwo in Uttar Pradesh, in der Ganges-Ebene gelassen. Er hatte den Maharshi sehr gut gekannt, hatte lange bei ihm gelebt. Nun war er für zwei Tage in Tiruvannāmalai, in einem Nebenhaus des Bungalow Dr. Syeds, nahe dem Ashram.

Der Bungalow war 3 km von meiner Einsiedelei entfernt. Die Wege waren mühsam, daher fragte ich ihn:

„Wie sind Sie denn hierhergekommen? Wer hat Ihnen von mir erzählt, hat Ihnen meine Grotte angegeben?"

„*Sie* haben mich gerufen", antwortete er, mir in die Augen schauend. „Ich bin gekommen."

Und als ich ein wenig skeptisch lächelte, sagte er nochmals sehr ernst: „Ich wiederhole: Sie haben mich gerufen. Das Selbst zieht das Selbst an; was wollen Sie mehr?"

---

[1] Im Jahr 1953, Harilāl ist nur ein Teil des Namens.

Wir sprachen vom Maharshi, von seiner Lehre, seinen Schülern. Er war über alles völlig auf dem laufenden.

Ich hatte einige Bücher bei mir, unter anderem die Bhagavad-Gītā und die Upanishaden. Gern zitierte ich Besuchern einige Stellen. So hatte ich im Vorjahr die Erfahrung mit einem pedantischen Brahmanen aus Tanjur, der sein überlegenes Gehabe erst aufgab, als ich ihm in einem Zug die wichtigsten Upanishaden der Reihe nach hergesagt hatte. Und damals hatte ich noch nicht die so direkte Belehrung des Asketen, *avadhūta*, von Tīrthamalai erhalten.

Als das Gespräch von Maharshi zu den Schriften gekommen war, nahm ich eines meiner Bücher, um einen Text zu zitieren, denn ich hatte nicht das Gedächtnis der Hindus, die alles auswendig behalten. Ich fügte hinzu, daß ich begonnen hätte, ein wenig Sanskrit zu lernen, um die Texte besser verstehen zu können.

„Wozu all das?" fragte Harilāl schroff: „Bücher, Zeitvergeuden mit Sprachen-Lernen. In welcher Sprache unterhält man sich mit dem Ātman?"

Und als ich versuchte, meinen Standpunkt zu verteidigen, unterbrach er mich: „Keine Geschichten! Was gibt es denn außerhalb des Ātmans? Was sollen denn Englisch, Sanskrit und all das nützen? Unterhält man sich so mit dem Ātman, mit dem Selbst, mit sich *selbst?* All das führt zu nichts, was der Mühe wert wäre. Der Ātman hat weder mit Büchern noch mit Sprachen, noch mit irgendwelchen Schriften etwas zu tun. *Er ist,* das ist alles."

„Auch ich", fuhr er fort, „war einmal ein leidenschaftlicher Leser. Doch da habe ich nichts gelernt. Jetzt lese ich nicht mehr, so gut wie nichts. Nicht einmal die Gītā, deren Verse mir damals ständig im Herzen klangen. Ich meditiere auch nicht mehr. Der Ātman hat mit Meditation nichts zu tun. Auch nichts mit Japas, nichts mit Mantras, Litaneien, Bhajans, Gebeten und frommen Gesängen aller Art. Früher einmal habe ich natürlich all das geübt, und mit welchem Eifer! Und frei-

---

[2] Siehe oben S. 88 f

lich tue ich es gelegentlich mit meinen Kindern; aber derentwegen, weil sie in ihrem Alter das brauchen. Ähnlich wie ich auch manchmal an ihren Spielen teilnehme. Und ist nicht tatsächlich all dies Spiel, die Līlā des Ātman, des Selbst?"

Das war zweifellos der überzeugteste, echteste Advaitin, der mir begegnet war. Gewiß gibt es in Indien eine Menge Leute, die gelehrt von Advaita sprechen, besonders im Süden und in der Umgebung der Ashrams; doch gewöhnlich sind sie die ersten, die zu den Tempeln laufen, Pūjās für den Erfolg ihrer Geschäfte, ja für ihre Beförderung darbringen; ganz zu schweigen von dem gräßlichen Egotismus, der sich so oft mit einer intellektuellen Annäherung an den Vedānta verbindet. Aber ging Harilāl nicht doch zu weit? Muß man nicht die Schwächen der Menschen berücksichtigen? Solange man das Selbst noch nicht verwirklicht hat – ist es logisch, so zu tun, als hätte man es verwirklicht? Hierüber hatte ich einmal mit einem berühmten Philosophieprofessor der Universität Madras[3] gesprochen, er selbst war ein treuer Schüler des Maharshi; dialektisch völlig überzeugt von der Wahrheit des Advaita, hatte er darüber hinaus auch wirkliche Erfahrung im geistlichen Leben. Er nun war seinen rituellen Verpflichtungen absolut treu geblieben, besuchte häufig die Tempel und brachte die üblichen Pūjās dar. Nach ihm durfte man den Ritus nicht aufgeben, solange nicht die Wahrnehmung der Zweiheit (seiner selbst und des Selbst) geschwunden sei. Als ich mich darüber wunderte und ihn an die Unterweisung Srī Ramanas erinnerte, gab er als äußerstes zu, daß, wenn beim Nahen des ‚Überganges‘ Ritus und Gebet zu angestrengt und gleichsam gegen die Natur würden, man – selbstverständlich die Zustimmung des Guru vorausgesetzt – sie unterlassen könne. Ich reagierte also recht lebhaft auf Halilāls Äußerungen.

„Wer verwirklicht? Wer hat verwirklicht?" antwortete er. „Das alles sind Worte. Der Ātman wird nicht erreicht. Was gibt es außer dem Selbst? Wer anders als das Selbst erreicht das Selbst? Das Nicht-verwirklicht-Haben ist nur eine Ausflucht.

---

[3] T. M. P. Mahadevan.

Man versucht, der Wirklichkeit zu entfliehen und weiter guten Gewissens ein mit Gebeten, Andachten, auch Askese ausgefülltes Leben zu führen – ein Leben, wie es für das Ich sehr befriedigend, im Grunde aber unnütz ist. Ist die Sonne untergegangen, weil ich die Fensterläden geschlossen habe? Das entscheidende Hindernis der Verwirklichung ist eben diese Idee, daß die Verwirklichung noch *kommen* müsse."

„Natürlich", gab er zu, „das Lesen ist nicht völlig auszuschließen. Besser lesen als dahindämmern oder schwatzen. Und besser meditieren als lesen. Doch der Ātman enthüllt sich nur im letzten Schweigen, wenn man so sagen darf. Man muß aber darauf achten, ich wiederhole es, daß dieses Schweigen nichts zu tun hat mit Denken oder Nicht-denken. Denn von nichts, was gesagt, gedacht oder gelehrt werden kann, ist der Ātman abhängig, und das gilt gleicherweise von der Negation, dem Leersein vom Denken."

Darauf ich:

„Und all jene Verkäufer des Advaita auf Straßen und Plätzen, welche die Buchhandlungen mit ihren Veröffentlichungen überschwemmen? Mit aller Kraft protestieren sie gegen die Propagandisten westlicher Religionen und sind selbst noch enger und beschränkter als jene. Sie *besitzen* die Wahrheit, und wer ihren vedāntischen, angeblich allumfassenden Standpunkt nicht annimmt, ist in ihren Augen nur ein Schwachkopf oder ein Fanatiker."

„Sie haben völlig recht", antwortete Harilāl. „Sobald Advaita die Form einer Religion annimmt, ist es nicht mehr Advaita. Die Wahrheit hat keine Kirche. Wahrheit ist Wahrheit und kann keinem andern, wer es auch sei, übermittelt werden. Die Wahrheit braucht niemanden, sie zu propagieren. Sie leuchtet von sich aus. Wer sagt, er besitze die Wahrheit oder habe sie empfangen oder er könne sie weitergeben, ist entweder ein Narr oder ein Scharlatan."

Er wollte mehr über mich wissen; meine Lebensweise, wie ich das geistliche Leben verstehe.

„Man findet wenig Menschen wie Sie", sagte er, „auch nicht bei uns."

106

Dann wandte er sich an seinen Gefährten:

„Wollen Sie so nett sein, uns einen Augenblick allein zu lassen? Wir haben etwas miteinander zu besprechen."

Als der Tamile sich entfernt hatte, sprach er weiter.

„Ihnen fehlt nur noch eines. Entledigen Sie sich der letzten Fesseln. Sie sind bereit dazu.

Lassen Sie Ihre Gebete, Ihre Riten, Ihre Kontemplation über dies und das. Erkennen Sie einfach, daß Sie *sind*. *Tat tvam asi*, das bist du.

Sie sagen, Sie seien Christ. In dem Stadium, in dem Sie sind, hat das keinen Sinn. Da, schauen Sie her: Ich bin der Christ, und Sie sind der Hindu. Wer das Wirkliche gesehen hat, für den gibt es weder Christ noch Hindu, noch Buddhist oder Moslem. Es gibt nur den Ātman; der Ātman ist nicht gebunden, nicht begrenzt, nicht bestimmt.

Sagen Sie mir Ihre spirituelle Erfahrung!"

Wiederum deutete ich ein Lächeln an, um meine Bewegung zu verbergen. „Ja, wie wollen Sie denn, daß ich Sie Ihnen sage?"

Er lächelte nicht.

„Um jeden Preis will ich sie wissen. Wie's Ihnen beliebt – mit Worten oder ohne Worte."

Wir saßen auf der Felsenbank mit gekreuzten Beinen einander gegenüber. Ich antwortete nicht. Als das Schweigen sich hinzog, schloß ich die Augen. Auch er. Und so blieben wir lange Zeit. Ich öffnete die Lider, er desgleichen, und einige Sekunden schauten wir einander an. Dann schlossen sich unsere Augen wieder. Als ich aufs neue die Augen öffnete und die seinen sah, waren sie weit offen und wie verstört.

„Sie lieben das Schweigen", sagte er zu mir.

„Sie selbst regten an, auf diesem Wege zu antworten."

„Sie haben es auf außerordentliche Weise getan. Jetzt habe ich alles verstanden. Sie sind bereit. Worauf warten Sie?"

„Bereit wofür? Ach, ich fühle mich so arm, wenn ich vor Gott bedenke, was ich sein sollte."

„Schluß mit dem Unsinn! Hören Sie auf, von Unterschieden zu sprechen. Nirgendwo gibt es Unterschiede. Es gibt nur den Ātman. Gott ist der Ātman, das *Selbst* in allem, was ist. ICH bin der Ātman. DU bist der Ātman. Das Selbst allein existiert, in sich selbst und in allem."

„Und wie wissen Sie, daß ich bereit bin?"

„Wenn eine Frau bereit ist, zu gebären, sieht man das nicht an ihren Augen? Jede Frau, die selber schon Mutter gewesen ist, erkennt sie das nicht ohne allen Zweifel? So auch bei denen, die nahe dem Erwachen sind, oder vielmehr: deren ‚Ich' im Begriff ist, im Licht des Wesentlichen und im einzigen ICH zu verlöschen. Ihre Augen habe ich heute morgen gesehen, als wir auf der Marktstraße aneinander vorübergingen, ohne daß Sie es beachteten; da haben Sie mich gerufen."

„Sie sprechen so, als ob Sie eben deshalb hierher gesandt worden seien, um mir dies mitzuteilen."

„Gesandt oder nicht, ich mußte Ihnen dies sagen, nun ist es geschehen. Wenn Sie mir nicht glauben, ist das Ihre Sache. Doch Sie werden so nicht durchkommen. Wenn nötig, werden wir für die endgültige Entscheidung einander nochmals begegnen. Oder ein anderer wird kommen. Und dem werden Sie nicht widerstehen können."

„Nun aber, wenn nach Ihrer Meinung ich dem Erwachen so nahe bin, warum wecken Sie mich nicht auf?"

„Es handelt sich nicht darum, irgend jemanden aufzuwecken. Wer schläft? Den, der nicht schläft, wie sollte man ihn wecken – Ihn, der nie eingeschlafen ist? Schlafen, träumen, erwachen, all das betrifft den Körper und die von ihm abhängigen Sinne, einschließlich, wohlgemerkt, denken, wünschen und wollen. Sind Sie dieser Körper? Sind Sie der Gedanke, den Sie vom Existieren in den Grenzen dieses Körpers haben? Haben Sie im Tiefschlaf noch Denken oder Bewußtsein, daß Sie sind? Und doch, *sind* Sie nicht auch dann? Sie sind nicht dieser Körper, der schläft oder wacht; noch dieser Gedanke, der bald klar, bald trübe in Ihnen flattert, unablässig dahin und dorthin greifend; nicht einmal dieses Bewußtsein des Seins, hinter Ihren Gedanken, das im Tiefschlaf, im Koma, bei der Auflösung des Körpers verlischt.

DU bist es, wodurch gesehen und gehört wird. Du bist es, wodurch gedacht und gewollt wird. Du bist es, das bleibt, wenn nichts mehr gesehen, gedacht, gewollt oder gehört wird. Das ist der Ātman, das Selbst, das *bist du* in Wirklichkeit, jenseits aller wechselnden und vergehenden Erscheinungen. *Tat tvam asi,* das bist du. Worauf wartest du, das anzunehmen?

Erinnerst du dich der Zeit deiner Geburt? Kannst du in deiner Erinnerung den ersten Augenblick deines Daseins feststellen?

Bist du dir bewußt, begonnen zu haben? Warst du nicht vor der Zeit, in der gewesen zu sein du dich erinnerst? Wenn dein Sein an die Erinnerung, die du davon hast, gebunden ist, was war dann mit der Zeit, an die du dich nicht erinnerst? Was ist mit dir in dem Augenblick, da das Bewußtsein einschläft?

Nur eines fehlt dir, ich wiederhole es. Dringe in die *guhā* ein, die Grotte des Herzens, und dort nimm wahr, daß DU BIST."

„Die Grotte meines Herzens", antwortete ich; „ich bemühe mich, dort zu verweilen, soviel ich kann. Und das Leben in der Grotte des Berges ist eben dazu für mich eine kostbare Hilfe. Diese Grotte hier und mehr noch die tiefere und ganz finstere Grotte, in die ich mich zurückziehe, um zu meditieren – welchen Frieden, welch unaussprechliche Freude bringen sie mir!"

„Deine steinerne Guhā ist ein lebloses Ding. Wie könnte sie dir Frieden und Glückseligkeit bringen? Mit der Freude und dem Frieden, die du dort erfährst, wie du sagst, hat sie nichts zu tun. *Du* selber, in deinem eigenen Grund, bist höchster Friede und Freude. Der Grotte schreibst du Friede und Freude zu, die du in der Guhā des Herzens wesentlich selber bist. Die Freude, der *ānanda,* die wie ein Echo zu dir zurückkehrt – bist du so einfältig zu glauben, daß dies ein Geschenk des Felsens da sei? Warum weiterträumen und sich weigern zu *sehen?* In Wirklichkeit gibst du nichts und empfängst du nichts, und ganz gewiß weder Shānti noch Ānanda, Frieden oder Freude. Du bist Ānanda, und nur Ānanda. Und dieser Ānanda kann gar nicht mehr Ānanda genannt werden; denn da ist nichts zu sehen, nichts zu gewahren oder zu benennen; ganz einfach, *es ist."*

Als ich Harilāl zu dem den Berg hinab führenden Weg geleitete, wies ich auf den herrlichen Blick, der sich unseren Augen bot; im Vordergrund die Stadt Tiruvannāmalai mit ihrem Tempel; in der Ferne das weite Land mit den felsigen Hügeln, die sich aus Feldern und Wiesen erhoben.

Es war gerade die Stunde des Sonnenunterganges. Ich sagte ihm, wie prächtig allmorgendlich der Sonnenaufgang sei, gerade vor meiner Höhle.

„Ja, all das ist prächtig", antwortete er. „Doch was ist das, verglichen mit dem Morgenleuchten des Selbst im Aufgang des Seins?"

Im folgenden Jahr [4] trafen wir einander wieder, Harilāl und ich, in unserem lieben Tiruvannāmalai. Dieses Mal wohnte ich mit einem Freund in einem Haus in der Nähe des Ashrams. Und hier, auf der Terrasse im Mondlicht, erzählte mir Harilāl eines Abends seine Geschichte.

Er war im westlichen Panjab geboren, in jenem Gebiet, das Indien 1947 verlor und das Zeuge so vieler Schreckenstaten wurde. Seine Mutter war die jüngere Schwester eines Weisen, der zu Beginn des Jahrhunderts berühmt war und dessen Andenken noch von vielen hoch verehrt wird. Er hieß Rāma-thīrta, lebte seine letzten Jahre im Himalaya, und als er fühlte, daß die Stunde des großen Überganges gekommen war, er war nur wenig über dreißig Jahre alt, stieg er einfach in den Ganges hinab und ,verschwand' dort, unweit von Tehri.

Harilāl selbst war als Offizier in die Armee eingetreten. Doch bald hatte er genug von einem Beruf, der ihm weder die Muße noch die Geistesfreiheit ließ, deren es für das religiöse Leben, wie er es von Kind auf gewöhnt war, bedurfte. Von frühester Jugend an hatte ihn der Gedanke an Gott mehr als alles andere beschäftigt. Er mochte sechs oder sieben Jahre alt gewesen sein, als er eines Tages in den Dschungel ging, etwa 20 km weit, zu einigen Sādhus, die dort ihren Ashram hatten; als seine Eltern ihn schließlich fanden, gab er ihnen die Antwort,

---

[4] Im Jahr 1954.

deren evangelische Entsprechung ihm gewiß unbekannt war: „Warum kommt ihr mich holen und laßt mich nicht bei Gott?" Mit fortschreitendem Alter wurde sein Bhakti zu Krishna so intensiv, daß sie an Hysterie grenzte. Ja er trug sogar Frauenkleider, damit Krishna ihn für seine geliebte Rādħa halte und sich endlich erbarme, ihm sein Antlitz zu zeigen. Wohin er auch ging, wiederholte er den Namen seines Herrn; und wenn er auf der Straße zufällig den angebeteten Namen aussprechen hörte, mußte er all seine Kräfte aufbieten, um nicht inmitten der Menge in Ekstase zu fallen. Wie hätte er in der Armee sein Leben des Gebetes, der Meditation und der Pūjās fortsetzen können? Zudem befand man sich damals im Kriegszustand, und die Disziplin war daher besonders streng.

Er bat, von seinen Funktionen entbunden zu werden. Seine Vorgesetzten versuchten ihn von der Unsinnigkeit dieser Bitte zu überzeugen. Seine Beurteilungen waren ausgezeichnet, die Beförderung gesichert, eine großartige Karriere erwartete ihn. Tatsächlich haben seine Kameraden, die damals junge Offiziere waren, nach der Unabhängigkeit Indiens die höchsten Posten in der Armee bekleidet. Er aber beharrte auf seinem Wunsch und erklärte dem Kommandanten seine Gründe. Der verstand ihn schließlich, unterstützte das Gesuch und erreichte die Annahme seines Abschieds.

Als er heimkam, empfing sein Vater ihn unfreundlich. Er war verheiratet und hatte drei kleine Kinder. Wie würde er die großziehen, wenn er darauf verzichtete, Karriere zu machen? Tatsächlich hatte er selbst die Heirat niemals gewünscht; aber weil es die Tradition war und weil sein Vater es wünschte und weil schließlich außer seiner Leidenschaft für Krishna alles andere ihm gleichgültig war, hatte er es geschehen lassen.

Nur seine Mutter verstand ihn, und er bedurfte gewiß dieser Zuwendung, um jene Zeit zu überstehen. Indessen widmete er sich mit um so größerem Eifer seinen ‚Übungen', um Krishnas Darshana zu erlangen. Wenn er von irgendeinem ‚Heiligen' hörte, der in der Nachbarschaft vorbeikäme, eilte er alsbald hin, sich ihm zu Füßen zu werfen und ihn anzuflehen, daß er ihn ‚Gott sehen' lasse. An die Sādhus, die zum Hause kamen, das Speise-Almosen zu erbitten, richtete er unablässig die gleiche Bitte – ach, immer vergeblich!

Eines Morgens, er saß auf der Veranda, erschien ein Sādhu, nach Hautfarbe und Bewegung aus dem Süden stammend. Harilāl brachte ihm einige Früchte und ließ ihn sich setzen, bis die Mutter die Mahlzeit bereitet hätte.

„Swāmījī, ich möchte Gott sehen", sagte Harilāl. „Darum habe ich die Armee verlassen, auf Karriere verzichtet, den Zorn meines Vaters erregt. Ich verbringe meine Zeit damit, Mantras herzusagen, Bhajans zu singen, Pūjās darzubringen; ich diene den ‚Heiligen' mit aller Hingabe, deren ich fähig bin. Das Geheimnis des Darshana Krishnas – ich weiß nicht wie viele Mahātmās ich danach gefragt habe. Alles vergeblich. Keiner kann mir helfen. Krishna scheint sich um meine Not nicht zu kümmern; er zeigt mir nicht das geringste Mitleid. Kennen Sie selbst zufällig jemanden, der imstande wäre, mich Gott schauen zu lassen?"

„Gewiß", antwortete der Sādhu ohne Zögern. „Wenn Sie zu Ramana gehen, werden alle Ihre Wünsche erfüllt werden."

„Wo ist der Mann", Harilāl fuhr auf, „daß ich sofort zu ihm laufe?"

„Er wohnt im Süden, in Tiruvannāmalai, eine Nacht im Zug über Madras hinaus. Zögern Sie nicht. Sie werden Genüge finden ... Und mehr als das."

Harilāl notierte sogleich Name, Adresse, Ort und Reiseroute und teilte der Familie mit, daß er nach Tamil Nadu reisen würde.

Sein Vater nahm das übel auf:

„Deine Frau, deine Kinder? Verstehst du so deine Pflichten? Es genügte nicht, die Armee zu verlassen, nun mußt du auch ans andere Ende Indiens laufen in deiner Versessenheit auf mystische Abenteuer."

Doch der Herr ist gut zu denen, die auf ihn hoffen. Bereits am anderen Morgen geschah es völlig unerwartet: Ein Freund zeigte ihm in einer Zeitung ein Stellenangebot, das genau auf ihn paßte. Er borgte sich 300 Rupien und brach auf.

Einige Tage später verließ er den Zug im Bahnhof von Tiruvannāmalai. Wie alle Pilger, legte er die 3 oder 4 km vom Bahnhof zum Ashram in einem Ochsenkarren zurück.

Er fand den Maharshi in dem kleinen, so gewöhnlichen und von Kitsch geschmückten Saal, wo er damals mit seinen Schülern wohnte, auf seinem Diwan sitzen. Harilāl grüßte, setzte sich, und nach einiger Zeit verließ er den Raum in höchster Aufregung. Er wollte mit niemandem sprechen; er fragte nur, wann der nächste Zug ginge, und bestellte einen Wagen, ihn zum Bahnhof zurückzubringen.

Schon stieg er ein, als jemand ihn zurückhielt.

„Wieso fahren Sie schon fort, kaum daß Sie gekommen sind?"

„Ich will nichts zu tun haben mit sogenannten Sādhus, die sich über die Leute lustig machen", antwortete er heftig.

Der andere schaute ihn verdutzt an.

„Ja", fuhr er fort, „ich habe euren Bhagavān gesehen, vor zwei Wochen daheim im Panjab, nahe Peshawar. Ich selber habe ihm Bhikshā gegeben. Ich habe ihn gefragt, ob er jemanden kenne, der es vermöchte, mir die Augen zu öffnen, mich Gott schauen zu lassen. Er hatte die Kühnheit, mich hierher zu schicken, mehr als 3000 km weit. Wenn er mich wirklich Krishna schauen lassen könnte, warum hat er seine wunderbaren Kräfte nicht dort gezeigt, in meinem Haus oder wenigstens im nahegelegenen Dschungel, das ließe man sich noch gefallen. Aber nun, ich komme hier an: kein Wort von ihm, kein Zeichen des Erkennens. Wenn das wenigstens ein ‚echter' Heiliger wäre – doch um den Hals, in den Händen kein Rosenkranz. In der ganzen Stunde, die ich dort war, hat er nicht ein einziges Mal die Tulasi [5]-Schnur zwischen seinen Fingern bewegt, nicht einmal habe ich die Namen Krishnas oder Rādhās murmeln hören. Das ist ein Scharlatan. Was soll ich noch länger hier bleiben?"

„Wie", antwortete jener. „Sie träumen ja. Ramana ist vor mehr als vierzig Jahren von Madurai nach Tiruvannāmalai ge-

---

[5] Pflanze, dem Vishnu heilig; aus ihren Körnern macht man Gebetsschnüre.

kommen, und jedermann weiß, daß er seitdem nie fort gewesen ist."

„Und doch habe ich selbst ihn gesehen, mit eigenen Augen, in meines Vaters Haus im Panjab, Anfang dieses Monats."

„Vor vierzehn Tagen war Baghavān hier; Sie können alle im Ashram fragen. Hören Sie, seien Sie vernünftig, wenn man schon eine solche Reise gemacht hat, geht man nicht nach einem halben Tag fort. Nichts drängt Sie, bleiben Sie wenigstens zwei, drei Tage zum Ausruhen. Dann sehen Sie weiter. Kommen Sie mit mir, ich werde Sie dem *sarvādhikāri* Swāmī Niranjanānanda vorstellen."

Nun verstand Harilāl überhaupt nichts mehr – träumte er damals, träumte er jetzt? Er ließ sich überreden, zahlte den Fuhrmann und blieb im Ashram.

Nach einigen Tagen kehrte er auf seinen Posten in Madras zurück. In Madras richtete er seine Zeit so ein, daß er möglichst viele Stunden seinen Andachtsübungen widmen konnte. Außerdem fuhr er jede Woche oder mindestens alle vierzehn Tage nach Tiruvannāmalai, denn der Maharshi machte ihm offenbar immer tieferen Eindruck.

Eines Tages war er in seinem Pūjā-Zimmer, vor dem Bild seines geliebten Krishna, betend oder singend, als er plötzlich Ramana neben sich gewahrte.

„Wenn du Krishna sehen willst", vermeinte er zu hören, „so nimm dieses Mantra und rezitiere es eifrig"; und ein Mantra wurde ihm ins Ohr geraunt. Sogleich wiederholte er das Mantra, und er gewöhnte sich daran, es zu rezitieren. Indessen hatte er noch Zweifel; und so kam er am folgenden Sonntag nach Tiruvannāmalai.

„Bhagavān, nicht wahr, Sie sind gekommen, mir dieses Mantra mitzuteilen?" Nach seiner Gewohnheit antwortete der Maharshi nur mit einigen undeutlichen: „Hm, hm".

„Bhagavān, soll ich es rezitieren?"

„Wenn dein Herz dir so sagt ..."

Wie Harilāl mir erzählte, widmete er sich von da an mit sol-

---

[6] Derjenige, der für die Organisation zuständig ist.

chem Eifer der Wiederholung des berühmten Mantra, daß er schließlich davonlief, sobald er jemanden kommen sah, nur um seine Lippen auch nicht für einen Augenblick das Rezitieren der Formel, die all seine Hoffnungen trug, unterbrechen zu lassen.

Endlich eines Tages geschah das Wunder. Wie strahlten seine Augen selbst jetzt noch vor Freude, da er von der wunderbaren Schau erzählte! Krishna stand vor ihm – „so wirklich", sagte er, „wie Sie vor mir sind; ein Jüngling von kaum mehr als fünfzehn Jahren, seine Gestalt, sein Gesicht, sein Lächeln kann kein Wort beschreiben. Und", so fügte er hinzu, „in meiner Seele eine Freude, wie ich sie noch nie, nie gefühlt hatte."

Die Erwartung seines ganzen Lebens war erfüllt. Krishna war endlich gekommen.

Bei der nächsten Reise nach Tiruvannāmalai warf Harilāl sich bewegt vor dem Maharshi zu Boden.

„Durch Ihre Gnade, Bhagavān, habe ich Krishna gesehen."

„Oh, Krishna ist gekommen?"

„Ja, er hat geruht, sich mir zu zeigen. Welche Freude!"

„Und er ging wieder?"

„Natürlich", antwortete Harilāl ein wenig überrascht.

„Ah, ah!" – das war Ramanas ganze Antwort, und er lächelte.

Harilāl fuhr mit noch größerem Eifer fort, das Mantra zu wiederholen und Krishna in der gewohnten Weise zu verehren. Wer weiß, vielleicht würde Krishna eines Tages wiederkommen?

Und eines Tages am selben Ort, als er Krishna Blumen und Räucherwerk darbrachte, sah Harilāl wiederum eine Erscheinung vor ihm sich aufrichten. Aber was? Das war gar nicht Krishna mit seiner Flöte, auch nicht Rādhā, Krishnas Geliebte. Vor ihm stand Rāma, in der Hand den Bogen, neben ihm sein Bruder Lakshmana.

Harilāl verstand nichts mehr. Er fragte die gelehrten Swāmīs von Madras; doch niemand konnte ihm erklären, warum Rāma gekommen war, während er Krishna angerufen hatte.

115

Rāma wollte er nicht. Krishna allein hatte sein Herz gefangen. Warum spielte Krishna mit ihm, machte sich über ihn lustig?

Sobald er konnte, fuhr er wieder nach Tiruvannāmalai.

„Bhagavān, können Sie mir erklären, was mir widerfahren ist?" Und er erzählte ihm alles.

Ramana lächelte nur und sagte:

„Krishna ist dir erschienen und ist wieder gegangen. Rāma hat das gleiche getan. Warum sorgst du dich um Götter, die kommen und gehen?

Schau: Japas, Mantras, Pūjās, Gebet und Ritus, das ist eine Zeitlang wohl gut. Doch es kommt der Augenblick, da all das weichen muß. Man muß einen Sprung tun, jenseits all dessen gelangen. Jenseits ist das Wirkliche. Hat man alles hinter sich gelassen, Götter und alles andere, erlangt man die Schau, die nicht beginnt, noch jemals endet – die Schau des Seins, des Selbst."

Als Harilāl sich erhob, war der Krishna-Verehrer ausgelöscht. Tief in seinem Herzen leuchtete jetzt die Schau, ‚die niemals kommt und niemals schwindet'. Er hatte Gott sehen wollen. Und Gott war ihm schließlich so nah erschienen, so nah, daß es hinkünftig unmöglich war, *du* zu ihm zu sagen, denn jetzt leuchtete er im Innersten seiner selbst.

Später habe ich Harilāl noch oft wiedergesehen. Zu tief war unsere Begegnung, zu gut hatten wir einander verstanden – wir nützten jede sich bietende Gelegenheit, zusammenzukommen und miteinander von den Dingen zu sprechen, welche unser Leben zuinnerst bestimmten und über die wir beide mit nur wenig Menschen reden konnten.

Harilāl verstand freilich nicht, daß ich mich immer noch durch die rituellen und sonstigen Verpflichtungen meines christlichen Glaubens gebunden fühlte. „Der Ātman, das Selbst ist durch nichts gebunden", sagte er immer wieder.

Doch eben dies war für ihn das Problem; denn er fühlte wohl, daß es weder Bequemlichkeit noch Unredlichkeit waren, was mich vom letzten befreienden Schritt zurückhielt, für den ich nach seiner Meinung ‚bereit' war[7].

Besonders gern traf ich ihn in den Dschungeln von Maisur, wo er jetzt arbeitete. Immer wenn ich durch die Gegend kam, wenn ich z. B. nach Poona oder nach Bombay hinauffuhr, unterbrach ich dort die Reise mindestens für einige Tage, um ihn wiederzusehen.

Seit seiner ‚Bekehrung', wie er mir bereits gesagt hatte, war er in Südindien in der Nähe seines Guru geblieben. Frau und Kinder hatte er im Norden gelassen; um den Massakern von 1947 zu entgehen, hatte er sie nach Lucknow gebracht. Er selber arbeitete ausschließlich, um die Familie zu erhalten und das Studium der Kinder zu bezahlen. Oft sagte er mir, wie gern er all dies aufgeben würde, sobald sein Sohn geheiratet und seinerseits einen Hausstand gegründet habe. Inzwischen kamen die Kinder regelmäßig in den Ferien nach Tiruvannāmalai, und es machte Srī Ramana große Freude, mit ihnen zu spielen. Das waren für sie unvergeßliche Erinnerungen.

Er hatte die Aufsicht über Eisen- und Mangangruben mitten im Dschungel, fern jeder Stadt, auf unmöglichen Wegen zu erreichen. Er wohnte in einer Strohhütte, nahe bei seinen Arbeitern. Wundervolle Einsamkeit, gewiß, für den, der menschlicher Gesellschaft nicht mehr bedarf; doch seine Mitarbeiter, unwissend der Geheimnisse des Lebens in der Tiefe des Seins, wußten sie wenig zu schätzen. Er selber verglich voll Freude sein gegenwärtiges Los mit demjenigen, welches das seine gewesen wäre, wenn er nicht aus Leidenschaft für Krishna die Armee verlassen und auf eine Zukunft von Reichtum und Ehre verzichtet hätte.

Seit er Ramanas so einfache Worte vernommen hatte, waren tatsächlich all seine Wünsche verschwunden.

---

[7] Abhishiktānanda ist bis zu seinem Tod (1973) Christus und der Kirche treu geblieben. In sein Tagebuch schreibt er am 28. September 1971: „Wenn ich sage, daß ich an Christus glaube, so bedeutet das, daß Christus für mich Gott ist. Gott-für-mich, denn es gibt keinen abstrakten Gott ... Jesus ist Gottes Antlitz zum Menschen hin und des Menschen Antlitz zu Gott hin."

Indessen widmete er sich seiner Arbeit mit größter Sachkenntnis und scheute keine Mühe, um den Ertrag der Gruben zu steigern, neue und bessere Lager zu entdecken. Wer ihn dann sah in Stiefeln durch das Gelände eilen oder auch am Steuer eines Jeeps oder Lastwagens, hätte kaum das Geheimnis seines verborgenen Lebens in der Tiefe ahnen können. Mit Vergnügen erzählte er von der Überraschung einer jungen Deutschen, die von ihm gehört hatte und daraufhin erwartete, einen Sādhu, nackt oder in Lumpen, reglos in einer Grotte verborgen oder hinter einem Busch im Dschungel sitzend, zu entdecken.

Manche freilich ‚erkannten‘ ihn, wenn sie auch noch nicht in sein Geheimnis einzudringen vermochten. Einige nahmen plötzlich seine Nähe wahr, ohne daß sie je von ihm hätten sprechen hören, und schrieben ihm, „er möchte wiederkommen“, diesmal ganz körperlich. Und da war auch jener brahmanische Doktor in Nord-Kanara, in dessen Vorzimmer er sich einmal während eines Unwetters geflüchtet hatte, gestiefelt und beschmutzt, in gelber Lederjacke. Es wurde gerade ein Fest zu Ehren des abwesenden Guru gefeiert. Er wurde zu Tisch geladen und trotz seines Widerspruchs, trotz der unpassenden Kleidung und ihrer völligen Unkenntnis seiner Kaste wurde er auf den Ehrenplatz gesetzt und wie der Guru behandelt. Später baute diese Familie ihm im Dorf einen kleinen Pavillon in der Hoffnung, daß er geruhen werde, gelegentlich dorthin zu kommen, und ihnen sein Darshana zu gewähren. – Und dann gab es jene unvorhersehbaren Begegnungen: sie ergaben sich aus winzigen Details im Programm des einen oder anderen und genau in dem Augenblick, da Harilāls geistige Hilfe vonnöten war. Die Skeptiker des Abendlandes sagen ‚Zufall‘; in Indien spricht man von der Līlā des Selbst, die bei denen, deren Ich sich aufgelöst hat, in völliger Freiheit spielt. Von seinen Intuitionen möchte ich nur ein Beispiel erwähnen: Eines Morgens in Rishikesh war er bereits im Autobus nach Badrināth mit einigen Freunden aus Lucknow und Gonda. Plötzlich steigt er aus, läßt seine Freunde aussteigen, nimmt sein Gepäck. Die anderen Reisenden denken, er sei verrückt geworden, und sagen es ihm auch, besonders ein Sādhu, der in seiner Nähe gesessen war. Zehn Stunden später stürzte der Autobus 200 m tief in eine Ganges-Schlucht.

Er fuhr fast jedes Jahr nach Lucknow, um seine Familie wiederzusehen. Zahlreiche Freunde erwarteten ihn dort. Sein kleines Zimmer wurde kaum leer – so sagte mir sein Sohn Surendra, als auch ich einmal dort vorbeikam.

Doch er schmeichelte seinen Besuchern nicht, und er war erbarmungslos gegenüber jenen, die an Visionen, Ekstasen und anderen sogenannten mystischen Phänomenen hingen, mehr noch jenen gegenüber, welche, nach seiner Meinung, die Menschen betrogen, indem sie sie bei oberflächlichen religiösen Praktiken festhielten – Praktiken, die dem Schüler seelischen Trost bringen, dem sogenannten Guru aber manchmal sehr materiellen Gewinn.

Eines Abends hielt ein in der Stadt wohlbekannter Doktor mit seinem Wagen in der kleinen Straße, an der das Haus lag.

„Man hat mir gesagt, mein Herr, daß Sie Siddhis besitzen. Ist das wahr? Ich möchte Gott sehen. Können Sie mir dazu verhelfen?"

„Warum nicht?" antwortete Harilāl, ohne mit einer Wimper zu zucken.

„Also?"

„Also, wenn Sie wirklich entschlossen sind, wollen wir sehen. Doch ich bitte Sie, zuvor ernstlich zu überlegen. Dies ist nichts Geringes. Es könnte Sie weiter führen, als Sie denken."

„Keineswegs; seien Sie ganz ruhig." Mit einem verstehenden Lächeln fügte er hinzu: „Ich habe die Mittel, wissen Sie ..."

„Wirklich?" erwiderte Harilāl. „Wenn es so ist, so legen wir die Karten auf den Tisch, als Geschäftsleute."

„Wieviel wollen Sie?" Dabei zog der Besucher das Scheckheft aus der Tasche und legte es auf den Tisch.

„Wieviel bieten Sie?" fragte Harilāl kalt.

„Verlangen Sie ein Lakh (= 100 000 Rupien), und ich unterzeichne den Scheck augenblicklich."

„Sie könnten tatsächlich ein ganzes Lakh hierfür ausgeben?"

„Und wenn auch! Was täte ich nicht, um Gott zu sehen!"

„Das würde Sie nicht in Verlegenheit bringen? Überlegen Sie sich's, bevor Sie entscheiden. Was ist denn so, ungefähr, Ihre Gesamtsituation?"

Der Herr begann zu rechnen: Grundstücke, Häuser, Papiere, Bankguthaben – er konnte etwa über 70 bis 75 Lakh verfügen.

„Also", sagte Harilāl hart, „Sie scheinen ein wenig zu scherzen. Sie sagen, Sie wollen Gott sehen, dies sei Ihr größtes Verlangen, und Sie sind gerade bereit, dafür ein Fünfundsiebzigstel ihres Besitzes zu opfern! Man spottet nicht über Gott. Sie vergeuden Ihre Zeit und meine. Jedes weitere Wort erübrigt sich. Guten Abend."

In derselben Grotte von Arutpāl Tīrtham lernte ich auch Sundarammāl kennen.

Seit einem Monat lebte sie in einem Häuschen neben dem der Schweigsamen. Doch ich versuchte nicht, mit ihr zu sprechen, noch sie mit mir. Wir tauschten lediglich das Namaskāram, wenn wir einander auf dem Weg begegneten.

Eines Tages aber lud sie mich ein, Bhikshā bei ihr zu empfangen. Das war zwei oder drei Wochen nach meiner ersten Begegnung mit Harilāl, am Neujahrstag der Telugu. Da sie aus Andhra war, fühlte sie sich verpflichtet, aus diesem Anlaß den ‚Heiligen' des Berges Bhikshā anzubieten. Ihre 48 Tage der Einkehr gingen zu Ende; so würde das Neujahrsmahl gleichzeitig auch eine Art Abschiedsmahl und eine Danksagung sein.

Damals nun, als die anderen Gäste gegangen waren, erzählte sie mir ihre Geschichte, die vielleicht noch wunderbarer war als die Harilāls.

Es war sehr schwer, ihrem stark mit Telugu gemischten Tamil zu folgen. So fürchtete ich, schlecht verstanden zu haben. Später besuchte ich sie nochmals in ihrem Haus am Fuß des Berges, diesmal in Begleitung eines jungen Tamilen. Sie war gerne bereit, zur Erbauung dieses jungen Mannes ihre Geschichte zu wiederholen. Und unmittelbar danach schrieb ich ihren Bericht nieder. Diese Niederschrift, nur ein wenig gekürzt, lege ich vor.

Sie entstammt einer reichen Familie von Madras vishnuitischer Observanz. Früh verheiratet, gemäß dem Brauch ihrer Kaste, verlor sie ihren Gatten, als sie noch sehr jung war. Natürlich lebte sie weiter im väterlichen Haus, und Eltern und Brüder umgaben sie mit herzlicher Zuneigung. Sie erhielt keinen Unterricht. Später erst lernte sie ihre Muttersprache lesen, um einige Andachts- und Hymnenbücher benützen zu können. Im Hause hatte sie nichts zu tun; für alle Arbeiten waren Dienstboten da. Und selbstverständlich ging sie nicht aus dem Haus beziehungsweise nur sehr selten, und nur in Begleitung ihres Vaters.

So nahm ihr Vater sie einmal in den nahe gelegenen Tempel mit, um einer Predigt beizuwohnen. Das war 1932; sie muß damals etwas über 30 Jahre alt gewesen sein. Der Redner war ein Verehrer Ramana Maharshis. Er berichtete von der ‚Bekehrung‘ des Weisen, seiner Flucht nach Tiruvannāmalai, seiner Einsamkeit auf dem Berg, seinem heiligen Leben, dem Zustrom von Schülern und Pilgern. Sundarammāl war stark beeindruckt. Sie bat ihren Vater, sie mit einigen anderen Personen, die das Darshana des Maharshi haben wollten, nach Tiruvannāmalai gehen zu lassen. Der Vater gestattete es nicht, versprach aber, zu gegebener Zeit sie selbst zum Ashram Srī Ramanas zu begleiten.

Indessen wurde das Versprechen nicht verwirklicht. Sundarammāl verbrachte die Zeit in ihrem Zimmer, an Ramana denkend, ihm singend, ihn bittend. Mehrmals kam sie bei ihrem Vater auf sein Versprechen zurück, doch immer vergeblich. Ständig gab es eine dringende Arbeit, derentwegen der Vater die Reise verschieben mußte. Darüber verlor Sundarammāl den Appetit und den Schlaf.

Nach zwei Jahren, eines Nachmittags gegen 4 Uhr, schien es ihr, sie sehe Ramana vom Berg herabsteigen und auf sie zugehen. Er rief sie: Sundarammāl, fürchte dich nicht. Ich bin es ... Hör auf zu weinen, zu fasten und zu wachen. Komm zu mir.“

Eine tiefe Freude erfüllte ihre Seele. Aufs neue bat sie den Vater inständig, mit ihr zu fahren, Ramana zu sehen: Wiederum verschob der Vater die Reise.

Und da, am folgenden 1. Januar – sie war in ihrem Zimmer allein, in der Nacht, sie weinte und rief mit ihrer ganzen Seele den Maharshi. Erschöpft schlief sie ein.

Plötzlich fühlt sie einen Stoß in der Seite. Sie erwacht und fährt auf, es ist vielleicht 2 oder 3 Uhr morgens. Der Maharshi steht am Kopfende ihres Bettes.

„Der Augenblick ist da", sagt er schlicht. „Komm!" Er steigt mit ihr die Stiege hinunter, durchquert die Eingangshalle und tritt auf die Veranda hinaus. Ach! Kaum vor die Tür getreten, ist sie allein. Bhagavān ist verschwunden. Beklommen setzt sie sich nieder.

Nach einigen Minuten kommt eine Riksha und bleibt vor dem Haus stehen.

„Ist das hier Nummer 12?" fragt der Mann. „Sundarammāl? Steig auf."

Sundarammāl schaut ihn an und versteht nicht.

„Ja, ein alter Sādhu kam und hat mich aufgeweckt, ich schlief in meiner Riksha. Er sagte, ich solle dich abholen und zum Bus bringen."

Und da Sundarammāl noch zögert, fügt er hinzu:

„Du glaubst doch nicht, daß ich zum Spaß hierherfahre, mitten in der Nacht, bei der Kälte!"

„Das ist Bhagavān", denkt Sundarammāl. „Er hat den ersten Schritt getan und erwartet mich beim Bus. Fahren wir hin."

Sie kommen zum Halteplatz und können Ramana nicht entdecken. Was tun?

Doch nun gibt es kein Zurück mehr. Die Sache ist zu weit fortgeschritten, als daß man noch abspringen könnte. Sie fragt nach dem Bus nach Tiruvannāmalai. Es gibt um diese Zeit keinen direkten Bus. Sie kann den Bus nach Gingi oder nach Tindivanam nehmen, dort wird dann ein Wagen sein, der sie nach Tiruvannāmalai bringt. Freilich hat sie kein Geld bei sich; aber sie hat ihre Ohrgehänge, und so kann sie sich einstweilen aus der Affäre ziehen.

Unterwegs begegnet ihnen ein Bus, aus entgegengesetzter Richtung kommend. Jemand steigt aus, steigt in ihren Bus ein und fragt, ob hier eine gewisse Sundarammāl sei.

„Das bin ich", sagt sie.

„Ah, ausgezeichnet. Bhagavān schickt mich nach dir."

Die nächste Haltestelle ist die, wo sie den Bus wechseln müssen. Beide steigen aus; der Begleiter verkauft für sie ihre Ohrgehänge für einige hundert Rupien. Sie geht zum Tempel, um zur Danksagung eine Pūjā darzubringen, und zur vorgesehenen Stunde nimmt sie den Wagen nach Tiruvannāmalai.

Als sie dort ankommt, ist beinahe Nacht. Zu spät, zum Ashram zu gehen, zumal sie von ihrem Führer gehört hat, daß keine Frau nach Sonnenuntergang den Ashram betreten oder dort sich aufhalten darf. So läßt sie sich zu einer der Pilgerherbergen, die es an allen heiligen Stätten Indiens gibt, geleiten. Eine war eigens für Pilger aus Andhra Pradesh. Dort wird sie von der Frau, die das Haus führt, sehr freundlich empfangen. Die Dame reicht ihr zu essen und gibt ihr alle gewünschten Auskünfte über Srī Ramanas Lebensweise, seine Nahrung, seine völlige Gleichgültigkeit gegenüber Fragen der Kaste.

Am andern Morgen steht Sundarammāl früh auf, kauft auf dem Markt, was sie braucht, und knetet den Kuchen, den sie Bhagavān zur Begrüßung überreichen will.

Als alles bereit ist, geht sie zum Ashram. Gegen 9 Uhr ist sie dort; sie tritt in die Halle, stellt den Kuchen zu Bhagavāns Füßen nieder und wirft sich zu Boden.

„Da bist du also endlich!" sagt Ramana sogleich; er nimmt einen Bissen von dem Kuchen und läßt den Rest unter den Umstehenden verteilen. Um 11 Uhr läutet eine Glocke. Der Ruf zum Essen – doch Sundarammāl weiß nichts davon. Alles geht. Als letzter von allen Ramana.

„So komm doch mit uns essen", sagt er zu ihr.

Sie wirft sich ihm zu Füßen, küßt die Füße und sagt: „Bhagavān, ich bin zu Ihnen gekommen, nicht zum Essen!"

Da legt Ramana ihr väterlich die Hand auf das Haupt, und sie, ganz und gar außer sich, schaut ihm in die Augen und singt den berühmten Sanskrit-Vers: *Tvam eva mātā* ...

Du bist meine Mutter, du bist mein Vater,
    du bist mein Bruder,

du bist all meine Verwandtschaft,
du bist all mein Reichtum,
du bist mir alles, gänzlich alles, o mein Herr!
Einige Tage später kamen ihre Brüder. Man hatte sie vergeblich in allen bekannten Häusern in Madras gesucht; in letzter Verzweiflung war man schließlich nach Tiruvannāmalai gekommen – sich fragend, wie eine junge Frau, die bis dahin nie von daheim fort gewesen war, es allein hätte fertigbringen können, so weit zu fahren.

Sie war so versunken in der Kontemplation Bhagavāns, daß sie die Anwesenheit der Brüder nicht wahrnahm, weder beim Darshana noch beim Mittagsmahl. Erst am Nachmittag, als sie mit allen Andächtigen Ramana auf den Bergwegen folgte, bemerkte sie ihre Brüder.

Die sagten ihr, wie unglücklich alle daheim seien. „Dein Vater und deine Mutter wollen nicht einmal essen. Sie weinen die ganze Zeit, fragen sich, was dir zugestoßen sein könne. Erbarme dich ihrer, komm mit uns zurück. Später werden wir alle zusammen hierher zurückkehren."

„Sie sind Vater und Mutter nur dieses Leibes", antwortete Sundarammāl. „Hier habe ich den Vater meiner Seele gefunden. Ich gehe nicht fort."

Die Brüder wurden ärgerlich, sprachen davon, sie mit Gewalt zurückzubringen.

„Wenn ihr das tut, werfe ich mich in einen Brunnen, oder ich erhänge mich."

Die Brüder mußten sich geschlagen geben. Schließlich halfen sie ihr, ein Häuschen in der Nähe des Ashrams zu finden, brachten ihre Sachen dorthin, richteten sie dort ein, so gut sie konnten, ließen ihr noch ein wenig Geld da und kehrten heim.

Einen Monat später kam dann auch ihr Vater, sie zu sehen, und willigte ein, sie bei Ramana zu lassen.

Während der fünfzehn Jahre, die der Maharshi dann noch lebte, verließ sie Tiruvannāmalai nicht ein einziges Mal.

Dies ist die Geschichte, die Sundarammāl mir erzählte – die Frau, die von Liebe zum Herrn nicht sprechen konnte, ohne daß ihre Stimme versagte und ihre Augen feucht wurden.

5

Der Tempel von Annāmalaiyār

Während meiner ersten Besuche in Tiruvannāmalai hatte ich öfters versucht, in den Tempel[1] zu gelangen. Natürlich wurde ich, wie alle Besucher, in die äußeren Höfe eingelassen; doch beim Killi Gopuram[2], durch das man in den innersten Hof und zum Allerheiligsten gelangt, war immer jemand, der mich daran erinnerte, daß ich ‚Fremder'[3] sei, und mich am Weitergehen hinderte. Manchmal hatte ich versucht, zu protestieren und zu verhandeln. Ich sagte, daß, auch wenn ich kein Hindu sei, ich doch nicht als Tourist käme, daß für mich jeder Tempel heilig sei. Außerdem, wenn der Tempel Haus Gottes

---

[1] Der Tempel von Tiruvannāmalai ist einer der eindrucksvollsten und schönsten Südindiens. Er erstreckt sich über 10 ha und mißt etwa 200 m von Norden nach Süden und 500 m von Osten nach Westen. Er besteht aus einem zentralen Heiligtum, das von drei ineinander geschachtelten Höfen umgeben ist, jeder von einer hohen Steinmauer eingeschlossen; den Zugang gewähren Vorhallen, über denen pyramidenartige Türme, *gopura*, aufragen (der höchste erreicht 70 m). In jedem der Höfe befindet sich eine Anzahl kleiner Kapellen, und ganz im Innern ist das Heiligtum der Devī (der Energie Shivas). Die erste Erwähnung des am Fuß des Berges Arunāchala verehrten Linga findet sich bei Nakkirar, einen tamilischen Dichter des 1. Jahrhunderts christlicher Zeitrechnung. Der erste massive Bau dürfte von den Pallava-Königen etwa im 8. Jahrhundert errichtet worden sein. In seiner gegenwärtigen Gestalt wurde der Tempel im 16. Jahrhundert vollendet. S. Anhang, S. 165 f.

[2] *Kiḷi-gopuram*, ‚Papageienturm', erbaut von König Vīra Rajendra Coḷa.

[3] Die nicht der Hindu-Kastenordnung Angehörenden nennt man *mleccha*; sie stehen als solche außerhalb der sakralen Gemeinschaft, ähnlich wie für die Juden die *gojim*, die Nicht-Israeliten oder ‚Weltvölker'. Wie das griechische *bárbaros* bedeutet *mleccha* den, der unverständlich redet.

ist – warum dann zwischen Gottes Kindern Unterschiede machen? Nichts half. Man wies auf das Schild in Englisch und Tamil: daß kein Nicht-Hindu den heiligen Bezirk betreten dürfe. Einmal war ich so beharrlich gewesen, daß man vorschlug, ich möge selber meine Sache den Autoritäten des Tempels vortragen. Einmal mehr konnte ich mich erklären, ich konnte all meine shivaitischen Kenntnisse zur Schau stellen und alles, was ich über den Tempel von Annāmalaiyār schon hatte lernen können. Man war sehr höflich, aber man hielt mir die Verfügung entgegen: Selbst die Europäer des Ashrams, sagte man, die die Lebensweise der Hindus angenommen hatten, dürften die Schranke nicht überschreiten[4].

Dann geschah es aber während eines Aufenthaltes in der Grotte von Vannatti, daß eines Tages ein Priester des Tempels mich besuchte. Er kam in seinem makellos weißen Dhoti, über der Brust die heilige Schnur, den Vorderkopf rasiert und die langen Haarflechten, nach der Weise der Shiva-Geweihten in einen Knoten gebunden. Aus dem Gewand zog er ein kleines Säckchen mit Asche, das ihn niemals verließ, gab ein wenig mir auf die flache Hand, bezeichnete sich selbst die Stirn und setzte sich zu mir.

Es war zu der Zeit meines Schweigens. Ich gab ihm durch Zeichen zu verstehen, daß ich ein Schweige-Gelübde getan hatte, daß er aber, wenn er wolle, zu mir sprechen könne. Er fragte, ob ich schreiben dürfe. Ich machte eine bejahende Gebärde. Und so begann unsere Bekanntschaft durch Vermittlung der Tamil-Schrift.

Oft kam er am Nachmittag mich besuchen, sobald sein morgendlicher Dienst im Tempel beendet war und er dann daheim seine Mahlzeit eingenommen hatte. Er sprach manchmal, doch lieber schrieb auch er, um besser die Atmosphäre des Schweigens, die die Grotte erfüllte, zu bewahren.

So geschah unser Sich-Mitteilen sehr langsam; doch es hatte einen eigenen Reiz, weil ein jeder gespannt verfolgte, wie der andere seine Aussage zu Papier brachte.

[4] Inzwischen wurde Nicht-Hindus der Zutritt gestattet.

Natürlich weiß ich nicht mehr im einzelnen, was er mir sagte. Ganz allgemein gingen unsere Gespräche um den Tempel. Seit vielen Jahren, ja seit Jahrhunderten stand seine Familie im Dienst des Herrn von Arunāchala – in Tamil: Annāmalaiyār. Später erzählte er mir im gesprochenen Wort, daß es auf der Welt keinen Ort gebe, der so heilig sei, wie Arunāchala, wo Shiva in der Herrlichkeit seines Feuer-Linga erschienen war. Nicht einmal der Kailāsh komme dieser Heiligkeit gleich. Und er zitierte mir, beziehungsweise damals in der Höhle schrieb er es mir auf, was die Heiligen von diesem erhabenen Ort gesungen haben:

„In Tiruvarūr muß man geboren werden, um das Heil zu erlangen,
oder man muß sterben in Vārānasī,
zumindest pilgern nach Chidambaram.

Doch an Arunāchala braucht man nur zu gedenken,
um einzutreten in die Freude, die niemals vergeht."

Als er nun mich fragte, warum ich nach Arunāchala gekommen sei, zitierte ich ihm meinerseits die berühmte Strophe von Gurunamashivāya:

„Der Berg, der lockt
und der aus der Tiefe

‚Komm, so komm doch' ruft
einen jeden, der im Herzen schon verzichtet hat

und bereit ist, in der großen Gegenwart zu leben ...
Das ist Annāmalaiy,
Der hochragende Berg."[5]

Er sagte mir, sobald meine Schweigezeit vorüber sei, müsse ich den Tempel besuchen. Ich antwortete, daß bis jetzt ich jedesmal zurückgewiesen worden sei.

„Ich selbst werde Sie einführen", sagte er, „und ich werde sorgen, daß Sie alles sehen."

S. oben S. 35 f. Anm. 17; S. 79.

So stieg ich also an einem Junimorgen zum Tempel hinab. Mein Freund war nicht da, jedoch sein älterer Bruder sah mich, kam zu mir und gestattete mir Zutritt zum verbotenen Bereich. Er war nämlich einer der höchsten Amtsträger des Tempels; einer von den beiden, die allein die Āratī des *nityakarman*[6] vor dem Shiva-Linga im zentralen Heiligtum – der Mūrti per excellentiam von Annamalaiyār – darbringen durften und die auch während der großen Prozessionen auf dem Wagen neben dem Kultbild sein durften.

Zunächst machten wir gemäß dem Ritus die Pradakshinā des Tempels von außen. Er zeigte mir den heiligen, jahrhundertealten Banyan[7], unter dem Sādhus, wie vor ihnen Generationen anderer Sādhus, die Perlen ihrer Gebetsschnüre durch die Finger gleiten ließen: *OM namaḥ Śivāya;* die den Hof umgebenden Torhallen und Säulengänge, die Loggien darüber, in denen die Damen des Hofes den Festen beiwohnten; den Tempel von Unnāmulai, der Shakti Shivas, nördlich des Zentralheiligtums. Zum großen Portal zurückgekehrt, traten wir in das Gebäude selber ein. Unter den düsteren Gewölben machten wir wieder die Pradakshinā, diesmal um das innerste Heiligtum. Schweigen und Dunkel machten das Numinose dieses Ortes noch eindrucksvoller. Mein Führer zeigte mir die Seitenkapellen, Shiva Dakshinamūrti, Shiva Natarāja und die anderen, und erklärte mir die Symbolik. Schließlich hatten wir die Umschreitungen beendet, die Welt der Bilder hinter uns gelassen, und wir traten in das Sanctum ein; drei oder vier enge Vorräume, einziger Zugang die Tür, durch die wir gekommen waren und durch die die ersten Strahlen der aufgehenden Sonne fielen, Aruna ... Zuletzt, in der Tiefe des Mūlasthānam, die heilige und dunkle Kammer, wo sich, nackt und isoliert, der Stein des Shiva-Linga aufrichtet, von einem Öllämpchen beleuchtet: Zeichen der Gegenwart des Herrn Arunāchala inmitten der Seinen und Unterpfand seiner Gnade.

---

[6] Offizieller Tempelkult, s. Glossar.
[7] Indischer Feigenbaum, bemerkenswert durch die Luftwurzeln, welche die Seitenzweige wie Säulen stützen.

Danach besuchte ich oftmals den Tempel. Gerne setzte ich mich in der Mittagszeit unter ein Gopuram, nachdem ich von einem der Verehrer Arunāchalas Bhikshā empfangen hatte, um ein wenig zu ruhen und die frische Luft zu genießen, bevor ich den Pfad zu den Grotten hinaufstieg. Abends aber ging ich direkt in den Mittelhof und mischte mich unter die Menge der Menschen, die kamen, um anzubeten, sich zu sammeln, Pūjās darzubringen.

Die Atmosphäre dieser Tempelabende ist schwer zu beschreiben; man muß sie selbst erlebt haben. Unzählige Gläubige, die sich immer und immer wieder zu Boden werfen, Prozessionen, Menschen, die vor ihrer bevorzugten Göttergestalt stehen, im Anblick des Bildes versunken, der Klang von Trompeten, Gongs, Glocken und Glöckchen, deren schriller Ton die unablässige Darbringung der Flamme begleitet. Da war praktisch kein Ende. Neben den privaten Pūjās gab es ja jeden Abend drei rituelle Darbringungen, *nityakarman*, im Heiligtum Arunāchalas. Sobald der Ritus im Allerheiligsten beendet ist, beginnen andere Priester der Reihe nach in den zahllosen Kapellen der drei Höfe Darbringungen von Getränk und Räucherwerk, von Blumen und Flamme ... Die Gläubigen folgen mit großer Aufmerksamkeit, und in dem Augenblick, da im Dunkel der Kapelle die Flamme sich erhebt, werfen sie die Hände über den Kopf in einer Gebärde bittender Anbetung, lassen sich dann zu Boden fallen, liegen ganz ausgestreckt, vernichtet, versunken im ‚Abgrund‘ der GEGENWART.

Ich liebte es auch, von niemandem gesehen, in einem Winkel, den ich entdeckt hatte, hinter dem Tempelgebäude zu sitzen, vor mir die gewaltige alles beherrschende Masse des Berges, der sein majestätisches Dreieck in den Himmel schnitt. In den ‚hellen vierzehn Tagen‘ schimmerte er im Licht des Mondes, der jeden Abend ein wenig höher am Firmament aufstieg; in den ‚dunklen vierzehn Tagen[8]‘ war dies eine schwarze Masse, finsterer als der hinter ihr sich ausbreitende gestirnte

---

[8] Die ‚hellen‘ sind die Tage des zunehmenden, die des ‚dunklen‘, die des abnehmenden Mondes.

Himmel. Mehr und mehr begriff ich, daß seit Urzeiten die Menschen von diesem Ort bezaubert gewesen waren, daß sie auf ihn das Heilige projiziert hatten, das in der Berührung mit ihm noch wunderbarer in der Tiefe ihres Herzens sich offenbarte.

Auch Arunāchala Gurukkal, das war der Name meines Priesterfreundes, sah ich oft wieder. Kam ich zum Tempel, so war immer jemand da, ihm dies anzuzeigen. Entweder kam er, mich zu begrüßen, oder er schickte jemand nach mir. Nach einigen Minuten des Gespräches fragte er regelmäßig: „Haben Sie das Darshana von Annāmalaiyār gehabt?" – Damit lud er mich ein, in das Heiligtum einzutreten. Eines Abends saß ich in einem Mandapam des ersten Hofes im Gespräch mit Arunāchala Aiyar. Plötzlich sagte dieser zu mir: „ Schauen Sie, ‚Ihr‘ Priester ist da!" Und hinter mir stand lächelnd Arunāchala Gurukkal.

Einmal mußte ich Tiruvannāmalai plötzlich verlassen, und ich bedauerte es sehr, nicht bis zum Tempel gehen zu können, um mich von meinem Freund zu verabschieden. Es war 1 Uhr nachmittags, die Juli-Sonne im Zenit; ich kam vom Essen und mußte einpacken. Plötzlich erschien er selbst in der Türöffnung:

„Sie haben mich gesucht. Hier bin ich. Was gibt es?"

Einen Augenblick schauten wir einander fragend an.

„Ja", sagte er dann, „ich lag im Schatten einer der Säulenhallen, war eingeschlafen. Da kamen Sie und stießen mich in die Seite. Sofort erwachte ich, lief heim, nahm ein Bad, und ohne mir zum Essen Zeit zu nehmen, bin ich hergekommen."

Ich sagte ihm von meiner eiligen Abreise, meinem Bedauern, nicht zu ihm gehen zu können ...

„Die Līlā des Herrn Arunāchala", antwortete er schlicht.

Wie alle großen Tempel Indiens besaß auch der Tempel von Annāmalaiyār eine höchst eindrucksvolle Kolonie von Sādhus. Es gab sie in jeder Art – Junge, Alte, Männer, Frauen, Kranke, Blinde. Sie waren in Weiß, in Kāvi aller Schattierungen, das Tuch oft zerfetzt bis auf die Knie fallend, manchmal geschrumpft zu einem Dreieck und einer Schnur zwischen den Schenkeln. Manche waren geschoren, andere trugen Haar und Bart wild und struppig. Gewöhnlich hatten sie um den Hals eine oder mehrere Ketten des *rudrākṣa*, des shivaitischen Rosenkranzes; Stirn, Arm, Brust waren reichlich mit Asche eingerieben ... Zweifellos waren unter ihnen echte Verzichter, die sich so vor den Menschen verbargen, und auch reine Bettler, die aus welchen Gründen auch immer diese Existenzweise gewählt hatten. Doch vor allem gab es das weite Feld zwischen den beiden, jene, die beide Kategorien in je verschiedenem Verhältnis verbinden, welche die Mehrheit der indischen Mönchsgesellschaft darstellen.

Sie verbrachten ihre Tage im Tempel, schlummerten in irgendeinem Säulengang, saßen in zwei langen Reihen am Fuß der großen Stiege des Ballala Gopuram [9] zu den Stunden, in denen die Gläubigen zur Andacht kamen, unermüdlich den vorübergehenden ihre Almosenschalen entgegenstreckend. Nachts schliefen sie auf den bloßen Fliesen der Höfe oder auch im Mandapam irgendeiner Kapelle. Einige, die ‚immer schon‘ da waren, hatten sogar ihre reservierten Plätze. Allmorgendlich gegen 11 Uhr brachen alle auf, dahin und dorthin, um ihr tägliches Essen zu erbetteln, und riefen vor jeder Tür ihr *„Annāmalaikku aro hara“*.

Gelegentlich hatte ich versucht, mit ihnen zu reden. Doch sie waren im allgemeinen wenig gesprächig, zumindest mir gegenüber; und ich hatte Gewissensbisse, ihr Kleid zu tragen, ohne doch wirklich ihre Entblößung und völlige Unsicherheit zu teilen. Auch muß mein Tamil ihren Ohren recht fremd geklungen haben, und ich gestehe, daß das Ihre mir kaum verständlicher war. Es gelang mir jedoch, die Geschichte eines von ihnen, der nach seiner Hautfarbe nicht aus dem Süden stammte, zu erfahren. Ich glaube, daß er in Mahārāshtra geboren war, als Pilger war er nach Tamil Nadu gekommen, er hatte einige Zeit in Chidambaram zugebracht, und dann war auch er

---

[9] Einer der drei im 14. Jahrhundert vom Hoysala-König Ballāla III. errichteten Tortürme des mittleren Hofes.

dem Zauber Arunāchalas erlegen. Er hatte sich nie bemüht, Tamil zu lernen. Nur zwei Wörter konnte er, das war alles, was er brauchte: *amma*, d. h. Mutter, so werden normalerweise Frauen angeredet, und *sāppādu*, das bedeutet Speise. Sein einziger Besitz waren der Stoffetzen, der ihm zwischen den Beinen hing, und die alte Konservenbüchse, in der er seinen Reis bettelte. Im Winter fand sich immer eine mildtätige Seele, die ihm einen anderen Fetzen gab, seine Schultern zu bedecken.

Seshadri war einer der Sādhus des Tempels gewesen, eine Art ,Narr Gottes', wie sie die russische Literatur im Westen bekannt gemacht hatte. Sein Gedächtnis ist in Tiruvannāmalai noch sehr lebendig, obwohl er diese Welt schon verlassen hat. Fast 40 Jahre hatte er am Fuß Arunāchalas verbracht, tagsüber die Straßen der Stadt durchstreifend, am Abend in den Tempel des Subrahmaniyār[10] im ersten Hof des großen Tempels sich zurückziehend. Er war 1870 zu Kānchipuram in einer für ihre Frömmigkeit und ihre Gelehrsamkeit angesehenen brahmanischen Familie geboren. Als Heranwachsender ging er oft des Nachts hinaus zu den Ufern, wo man die Toten verbrennt, wie so viele Heilige Indiens es getan haben, um hier in Ruhe zu meditieren – über die Eitelkeit des weltlichen Daseins und über die Unzerstörbarkeit des LEBENS, das aller Übergänge, aller Veränderungen, aller scheinbaren Zerstörung spottet. Nach dem Tode seines Vaters wollte sein Onkel mütterlicherseits ihn zum Heiraten überreden. Er weigerte sich beharrlich. Seine Mutter starb darüber aus Kummer. Mit neunzehn Jahren floh er aus dem Haus, aus der Stadt, und wie bei Ramana war jahrelang jede Spur von ihm verloren.

In Tiruvannāmalai zog er bald durch sein außergewöhnliches Betragen die Aufmerksamkeit auf sich. Solches Betragen war oft, scheint es, durchaus bewußt Anzeichen vielleicht einer mehr oder weniger sonderbaren psychischen Verfassung, doch auch Beweis seines rückhaltlosen Glaubens und seiner wunderbaren Befreiung von allem, was das Menschenherz bindet. Ein brahmanischer Advokat der Gegend erzählte mir, daß

---

[10] Ein anderer Name Skandas, des Sohnes Shivas, s. Glossar.

man ihm, als er selbst noch ein junger Bursche war, ein einjähriges Kind anvertraute, es zum Swāmī zu bringen, daß er es segne. Doch kaum hatte er es Seshadri in die Arme gelegt, so wurde es in die Luft geworfen, und der große Bruder mußte sich beeilen, es im Fluge aufzufangen.

Manchmal, wenn er sich in einer Menschengruppe befand, begann Seshadri plötzlich laut zu lachen. Wehe dem, der es dann wagte, ihn nach dem Grund zu fragen: Der Unverschämte riskierte, mit seinem Namen angeredet zu werden – selbst wenn er Seshadri nie vorher begegnet war –, und daß einige verborgene Winkel seines Gewissens, die jeder lieber für sich behält, öffentlich aufgezeigt würden. Wenn man ihn rasierte, konnte es vorkommen, daß er plötzlich aufstand und mitten während der Prozedur fortging, um nichts sich kümmernd oder vielmehr mit Vergnügen solcherart alle Konventionen über den Haufen werfend. Er konnte Tage ohne Nahrung verbringen, und an anderen Tagen aß er für sechs. Du hast ihn zu einem Festmahl eingeladen, er hat zugesagt, aber du wartest vergebens: Er hat es vorgezogen, einen Napf Hirsebrei bei irgendeiner armen Frau zu erbetteln.

Man erzählt mir, daß, wenn er auf der Straße ging, ihn die Lust ankommen konnte, unversehens die schönste Mangofrucht von einem Obststand zu nehmen und sie auszuschlürfen. Wehe dem Händler, der protestierte: Es konnte ihm widerfahren, daß er den ganzen Tag nichts mehr verkaufte und am Abend sein Vorrat an Früchten verdorben war. Diejenigen aber, die seine Provokationen mit guter Laune hinnahmen, wurden von ihm sehr einfach entschädigt. Manchmal war es eine Kanne Öl, die er aus einem Geschäft nahm und auf die Straße lehrte; dann wieder ein kostbarer Sari, der da in einem Geschäft ausgestellt war, den er packte und einer vorbeikommenden Kuh an die Hörner steckte. Doch alles kam mit Zinsen zurück – so reichlich, daß man ihm den Beinamen ‚Goldhand‘ gegeben hatte.

Er war einer der ersten, der die Größe des jungen Ramana erkannte. Er verteidigte ihn nach Kräften gegen die Gassenjungen, die sich im Tempel herumtrieben, und ihn mit ihren

Streichen verfolgten. Später traf er ihn häufig in den Grotten des Berges, obwohl er, unverbesserlicher Bhakta, die Advaita-Lehre des Maharshi niemals verstand. Als er im Januar 1929 starb, begrub man ihn östlich des Ashrams Srī Ramanas und errichtete ein Grabmal. Dieses Samādhi wurde zu jener Zeit gerade erneuert. Seshadri war nämlich einem seiner alten Schüler im Traum erschienen und hatte ihm befohlen, einige tausend Rupien zusammenzubringen, um das Gebäude zu renovieren.

Ein Sādhu des Tempels, der sich nicht unter die anderen mischte, war Arunāchala Aiyar. Er war Brahmane, ich weiß nicht, ob er aus Tamil Nadu stammte. Schon vor langer Zeit hatte er seine heilige Schnur abgelegt, als Zeichen des Verzichts; aber er war niemals formell in den Sannyāsa eingeweiht worden, und er trug auch nicht Kāvi.

Einst hatte er Ramanas Leben auf dem Berg geteilt, im Skanda-Ashram und vor allem davor in der Grotte von Virupaksha. „Welch herrliche Zeit!" sagte er einmal wehmütig zu mir. Man kam noch nicht als Tourist, um Ramana zu sehen. Die Pilgerfahrt zum Berg machten nur diejenigen, die *wirklich* sein Darshana erhalten wollten und seine Unterweisung empfangen, *um sie anzuwenden.* Das Leben dort war nicht leicht. Der Berg war viel bewaldeter als heute, und in der Nacht streiften Panther und Schakale um die Einsiedeleien. Zu Mittag stieg man um Bhikshā zur Stadt hinab; man sang dabei die Strophen von *Arunāchala Shiva,* die der Maharshi eigens hierfür komponiert hatte. Man stieg wieder herauf und teilte, was man empfangen hatte, oder auch, was am Morgen zur Einsiedelei gebracht worden war. Man sang, meditierte, arbeitete, lebte mit Ramana. Tage und Nächte folgten einander in unvergleichlichem Frieden und Glück.

Doch Ramans Mutter kam, und sie kam wieder. Schließlich ließ sie sich dort nieder und brachte den anderen Sohn, der Witwer geworden war, mit.

„Mit ihr war die Welt eingetreten, und dahin war das schöne Leben der Entsagung!", so drückte sich Arunāchala Aiyar in einer unübersetzbaren, ebenso knappen wie bildhaften tamilischen Formel aus. Sie begann zu kochen, Laddus (ein tamilisches Gebäck) zu machen. Welche Frau des Tamil-Landes könnte sich davon zurückhalten? Damit begannen sich Kasten- und Besitzfragen zu stellen. So war das Ideal dahin. Sie starb nach einigen Jahren, aber die Wendung war geschehen. Man hatte zu bauen begonnen, begonnen, den Zugang für Gäste zu erleichtern, sie zu empfangen, zu verpflegen. Bald veranlaßte sein Bruder den Maharshi, an den Fuß des Berges zu kommen, in die Nähe des Samādhi der Mutter. Ramana, dem alles gleichgültig war, ließ es mit sich geschehen ...

So hatte denn Arunāchala Aiyar die Einsiedelei von Skanda aufgegeben und sich im Tempel niedergelassen. Man hatte ihm die Verantwortung für einen Blumengarten übertragen, und er verbrachte seine Tage damit, Girlanden für die Tempel-Pūjās zu binden. Er hatte ein Zimmerchen in einem Mandapam beim Ballala-Gopuram und ging nur gegen Mittag in die Stadt, um in Häusern des Agrahara[11] seinen Reis als Bhikshā zu empfangen.

Ich erfuhr auch die Geschichte eines der Tempelpriester, die nicht er selber mir erzählte – er sprach überhaupt kaum –, sondern sein Sohn Vaithikeshwar.

Vaithi war ein gutaussehender junger Brahmane, fünfzehn oder sechzehn Jahre alt. Eines Tages kam er zum Berg und besuchte mich in meiner Grotte. Er begann, über banale Dinge zu plaudern, bis ich ihm sagte, daß man an diesem Ort entweder über Gott spräche oder schwiege. Dies überraschte ihn höchlichst, denn einer meiner Vorgänger in der Höhle hatte offenbar keineswegs solche Skrupel gehabt. Doch wie dem auch sei, er mußte sich meiner Weise, die Dinge zu sehen, fügen. Ich fragte ihn, ob er oft zum Tempel gehe.

„Ich bin jeden Abend dort", sagte er mir.

„Was tust du im Tempel?"

„Ich werfe mich nieder und bete an."

---

[11] Straße oder Viertel, wo die Brahmanen wohnen.

„Sprichst du keine Gebete oder Mantras?"

„Ich kenne nur eines."

„Welches?"

„Das fünfsilbige: *OM namaḥ Śivāya.*"

„Was bedeutet es?"

Durch mich ermutigt, begann der Knabe, es zu erklären. *Namas* bedeutet ‚Verehrung, Anbetung'; *Śiva* ist der Name, unter dem der Herr hier verehrt wird; dann ist da auch das Mysterium des Namens *Śiva,* der eigentlich ‚der Freundliche, Huldreiche' bedeutet. Von da kamen wir zu dem Vers des Tamil-Dichters Tirumulār, den ich immer wieder gerne zitiere:

„Shiva ist eines, Liebe ein anderes" –
Welche Unwissenheit, so zu sprechen!

Was ist Shiva, was ist Liebe? Wer kann es je wissen
außer dem, der in der Tiefe seines Herzens

ganz Shiva geworden ist, ganz Liebe,

und so schließlich verstanden hat, daß Shiva Liebe ist
und Liebe Shiva!

Im Verlauf des Gespräches sagte mir Vaithi, daß sein Vater im Tempel Dienst tue.

„So wohnst du also in der Straße der Priester?"

„Nein", sagte der Knabe, „wissen Sie, wir sind nicht Brahmanen von Tiruvannāmalai. Unser Dorf ist etwa 50 km von hier."

„Wann seid ihr denn nach Tiruvannāmalai gekommen?"

Da erzählte mir Vaithi die Geschichte seiner Familie. Als er ein kleines Kind war, war sein Vater eines Tages verschwunden, die Kinder mit ihrer Mutter und dem Großvater zurücklassend.

„Wir suchten ihn endlos", fuhr er fort, „doch ohne Erfolg. Nach einem Jahr erst hörten wir, daß er in Tiruvannāmalai sei, in einer Höhle, von Bhikshā lebe. Mein Großvater und mein Onkel baten ihn zurückzukommen, doch er wollte absolut nichts davon hören. Sie sprachen von seiner Frau, meiner Mutter, von mir und meiner kleinen Schwester, sagten, wie sehr wir ihn brauchten. Es machte keinen Eindruck. Das einzige Zugeständnis, das er nach langen Diskussionen machte, war, daß, wenn wir um jeden Preis mit ihm zusammensein wollten, wir zu ihm kommen könnten.

Um den Lebensunterhalt zu sichern, wurde ihm ein Posten im Tempel gegeben. Natürlich konnte er keine Pūjā darbringen – das ist den Brahmanen vom Ort vorbehalten. „Aber er ist ein Hilfspriester, wenn Sie wissen, was das ist", erklärte Vaithi. „Er ist einer von denen, die die Blumen und Lampen herrichten, um sie dann während der Pūjā dem zelebrierenden Priester zu überreichen. So also sind wir nach Tiruvannāmalai gekommen."

Die eindrucksvollste Begegnung aber, die ich im Tempel hatte, war ohne Zweifel die mit dem Maharshi selbst. Dies geschah auf einer Ebene, die nichts zu tun hat mit irgendeinem visuellen, auditiven oder psychischen Phänomen, welcher Art auch immer; auf der einzigen Ebene, auf der man Ramana *wirklich* begegnen kann.

In Tiruvannāmalai angekommen, hatte der junge Venkatarāman sich sofort zum Tempel Shiva Arunāchalas begeben. Er war geradewegs hindurchgegangen zum Heiligtum und war daraus fürs Leben verwandelt zurückgekehrt. Seine Kleider und seinen Schmuck, seine langen Haare – fast ohne zu wissen, was er tat, hatte er sie fallen lassen; und er setzte sich unter eine der Kolonnaden, verloren in Kontemplation des inneren Mysteriums.

So verbrachte er einige Zeit im Tempel, in einer der Säulenhallen oder Kapellen sitzend, oder im Schatten eines Baumes, und er suchte, sowohl den Zudringlichkeiten von Verehrern zu entgehen, wie den Hänseleien der Gassenbuben, die ihn nur allzugern verspotteten, der offenbar nicht bei Verstand war, und ihm die schlimmsten Streiche spielten.

---

[12] Venkatarāman – Vorname, den er bei seiner Geburt erhalten hatte; dieser wurde später in Rama umgewandelt.

Eines Tages flüchtete er sich in die Krypta des Pātālalinga. Das ist eine unterirdische Kapelle in einer Ecke des großen Mandapams, der Halle der tausend Säulen, man steigt über ungefähr zehn Stufen in sie hinab. Darunter ist ein enger Vorraum und dann die ganz dunkle innere Kammer, wo der Stein des Shiva-Linga steht. Diese Kapelle war damals praktisch verlassen, daher voll Staub, Schmutz und Insekten. Der ,Brāhmanasāmī', wie man ihn damals nannte, ließ sich dort nieder und blieb da verborgen, bis die Sādhus des Tempels ihn entdeckten und ihn aus dem Ungeziefer, das seinen Körper bereits mit Wunden bedeckt hatte, herausrissen. Doch er, in Betrachtung versunken – wie sollte er es bemerkt haben?

Ramanas Aufenthalt im Pātālalinga war den Schülern des Maharshi eine besonders teure Erinnerung. Einige Jahre zuvor war die Krypta des Pātālalinga auf Betreiben von Verehrern des Maharshi neu instand gesetzt worden. Man hatte sogar eine Kuppel darübergebaut, deren schreiende Farben in unangenehmem Gegensatz standen zu der strengen Schönheit des Mandapams, das sie überwölbte. Die feierliche Einweihung hatte in Gegenwart der angesehensten Persönlichkeiten Indiens stattgefunden. An der Wand eine Inschrift in goldenen Lettern, von nun an in perpetuam memoriam an das Ereignis erinnernd, und an die Namen der Stifter.

Bei meinem ersten Besuch des Tempels von Tiruvannāmalai hatte man mir natürlich den Platz gezeigt, und ich war seither des öfteren verlockt gewesen, ihn wiederzusehen. Doch normalerweise war er verschlossen.

Zum Tempelbüro gehen und um den Schlüssel bitten, zurückkommen in Begleitung eines Portiers, der dir öffnet und dann gelangweilt wartet, bis du deine Andacht beendet hast, und der dann nicht verfehlen würde ein Bakshisch zu verlangen – das lockte mich kaum.

Eines Tages aber, es war ein Sonntagmorgen, ich erinnere mich genau, überquerte ich zufällig den ersten Tempelhof, als ich das große Mandapam offen sah. Ich trat ein und sah, daß auch das Gitter des Pātālalinga beiseite geschoben war. Daneben ein junger Sādhu, der die Gaben entgegenzunehmen und

den Besuchern das Ereignis, dessen man hier gedachte, zu erklären hatte. Ich unterhielt mich eine Weile mit ihm. Als ich
meinte, sein Vertrauen gefunden zu haben, wagte ich die
Frage, ob ich nicht hinabsteigen dürfe, bis in die innere Kammer.

„Keine Schwierigkeit", antwortete er. „Das Shiva-linga der
Krypta hat noch nicht die Weihe erhalten. Für den Kumbhā-
bhisheka wartet man auf einen glücklichen Tag und auf die
Ankunft des einen oder anderen Maharājā oder einer Maha-
rānī. Bis dahin kann jederman eintreten. Ich bringe hier nur
eine Sādhu-Pūjā dar. Später, wenn die Tempelpriester zuständig sind, wird das anders sein."

Ich stieg also die Stufen hinab, betrat den Vorraum, durch-
schritt die letzte Tür, ging am Shiva-linga vorbei und setzte
mich in eben jenen Winkel, wo, wie man mir gesagt hatte, Ramana gesessen war ... Eine Stunde verging, zwei Stunden. Der
Sādhu mußte mich bitten, zu gehen. Es war die Zeit, sein Essen
zu empfangen, und er mußte die Türen schließen.

Ich kam am folgenden Abend wieder und blieb lange Zeit –
weniger für ein Gedenken, das versucht hätte, Vergangenes
wieder lebendig werden zu lassen, als für einen ‚aktuellen'
Kontakt und eine Kommunion, die raumzeitlicher Entfernun-
gen spottet.

Während der ganzen Zeit meines Besuches kamen Menschen die Stiege herunter, machten Añjali, warfen einige Blumen oder Blüten auf den Steinboden. Einige bemerkten die
undeutliche Gestalt im dunklen Winkel hinter dem Linga.
Ein- oder zweimal gab es einen Schrei der Überraschung, fast
des Schreckens. Der Aufsicht habende Sādhu beruhigte, und es
war wunderbar zu hören, wie erfindungsreich er mit der Iden-
tität des Unbekannten, der da gesammelt in der Krypta saß,
spielte. Bald war es ein Amerikaner oder Australier, bald ein
Bengale, und die Umstände seines Lebens und seines Hierher-
kommens waren noch unglaublicher.

Welche Bedeutung können Geburtsort und veränderliche
Lebensumstände auch haben für den, der auf Erden nichts anderes mehr sein will – oder besser darf – als ein Zeichen, ein

Linga des Herrn; für den, dessen eigenes Selbst, dessen Ich, alles, was in den Augen der Menschen seine Individualität ausmachte, von nun an aufgezehrt ist in der allverschlingenden Erfahrung Dessen, der *Allein Ist*. Das hatte der junge Venkataraman begriffen in dem Augenblick, da er im Innersten seines Tempels den Herrn Arunāchala erkannt hatte. Und nur hier können ihm deshalb wirklich begegnen diejenigen, die sich auf die innere Suche nach dem Grund ihres Selbst begeben haben.

6

Der Feuer-Berg

Bereits zu Anfang meiner Aufenthalte in Tiruvannāmalai hatte ich von der Giri-pradakshinā, dem Umschreiten des Berges, sprechen hören. Und alle sagten, daß dies ein in höchstem Grade verdienstvoller Ritus sei. Jedenfalls ist ernstliches Tapas mit ihm verbunden, denn es handelt sich immerhin darum, zu Fuß, und womöglich bloßfüßig, den 12 oder 13 km langen Rundweg um Arunāchala zurückzulegen. Der Pilger beginnt mit einem Bad in einem der Tīrthams, der heiligen Teiche der Stadt, legt ein reines Gewand an, durchmißt den Weg langsamen Schrittes und gesammelten Geistes, kehrt schließlich zum Tempel Annāmalaiyār zurück und bringt die gebührende Pūjā dar. Gewisse Tage und vor allem Nächte werden besonders empfohlen, so zum Beispiel die Dienstagnacht oder eine Vollmondnacht. Um den Geist gesammelt zu halten, wird dem Pilger geraten, während der ganzen Wegstrecke die Hymnen, die die alten Weisen zu Ehren Arunāchalas komponierten, zu singen oder unablässig mit den Lippen die heiligen Silben des *Arunāchala-Shiva* oder des Mantras *OM namaḥ Śivāya* zu wiederholen. Jedenfalls muß das Denken völlig auf das Mysterium konzentriert sein – Mysterium der GEGENWART im Grund meiner selbst und seiner machtvollen Kundgabe in Gestalt des gewaltigen Berges.

Die Übung der Pradakshinā ist in Indien hoch angesehen. Man umschreitet einen heiligen Ort, einen Tempel, eine Statue, einen verehrten Menschen in der Richtung von Osten nach Süden *(dakṣina)*, so daß der Gegenstand der Huldigung immer zur Rechten bleibt. In den großen Tempeln wird die Pradakshinā in jedem der drei, fünf, manchmal auch sieben geschlossenen Plätze, die wie eine Krone das zentrale Heiligtum umgeben, ausgeführt. Manchmal verpflichtet sich einer, den Ritus an 28 aufeinanderfolgenden Tagen auszuführen, um gewisse Gnaden zu erlangen oder Gott für seine Wohltaten zu danken. An den großen Festen sind es die Mūrtis der Tempel selber, die auf ihren prächtigen Wagen die Pradakshinā des eigenen Heiligtums machen, begleitet von ihren Gläubigen.

Unter den Giri-Pradakshinās ist die berühmteste die des Berges Kailāsh in Tibet. Es gibt auch die Pradakshinā von Flüssen, so die der Narbadā des großen Flusses der Vindhyas[1]. Eine solche Wallfahrt dauert einige Monate – ebenso wie die des Ganges, bevor die Autos hier eine Veränderung herbeiführten. Mir wurde die Gnade dieser Wallfahrt zuteil, wenn schon nicht in der ganzen Länge, so wenigstens von Hardwār am mächtigen Kedārnāth an der Quelle der Mandākinī und später von Uttarkāshī, dem Vārānasī des Nordens[2], bis Gangotrī, an der Quelle der Bhagirathī, des westlichen Flußarmes. Das waren ganz unvergeßliche Erlebnisse, über die ich andernorts auch ausführlich berichtet habe[3]. Shiva ist groß in Arunāchala, Shiva ist groß auch im Himalaya: wundersame Mythen, welche der aufmerksamen Seele ihre Quellen und ihre Abgründe offenbaren.

Als schwer zu überzeugender Abendländer war ich lange Zeit zurückhaltend bezüglich der Pradakshinā. Das schien mir reiner Aberglaube, ein Rest längst vergangener Zeiten und Glaubensweisen, die der Strom der Geschichte hinweggespült hatte. Später dann verstand ich; und ich entdeckte hier eine unvergängliche Weisheit, die dauern wird, wenn die sogenannten ‚modernen Zeiten‘ vergessen sein werden. Sehr bald nach meinem Einzug in der Grotte von Vannatti fühlte ich das Verlangen, auch meinerseits die heilige Runde auszuführen. Ich erinnere mich noch der Nacht, in der ich sie zum ersten Mal machte; es war im letzten Mondviertel, gegen ein oder zwei

---

[1] Gebirge im Dekkan.

[2] *Kāśi* oder *Kāśī*, ‚die Leuchtende‘, ist ein alter Name für Vārānasī; *uttara:* zweiter oder anderer; Uttarkāshī ist das andere Vārānasī.

[3] Swāmī Abhishiktānanda, *Une messe aux sources du Gange* (Paris 1967).

Uhr morgens war ich von meinem Felsen herabgestiegen. In Ādī-Annāmalai, auf der anderen Seite des Berges, kam ich an, als am Horizont der Morgen graute, und den Osthang erreichte ich wieder, als die aufgehende Sonne ihn mit dem rosaroten Glanz überzog, von dem er den Namen hat. In der Folge bin ich oft den Weg gegangen – immer allein, nur ein- oder zweimal nahm ich einen Freund mit, um ihn einzuführen. Ich machte diese Pilgerschaft des Nachts und des Tags, in hellen und in sternlosen Nächten, morgens und abends, doch die Mondnächte waren bei weitem am schönsten. Da konnte man nur am Wechsel des eigenen Schattens erkennen, an welchem Punkt der Runde man sich befand; und es schien dann so, als ob hoch am Firmament der Mond selber das mächtige Felsenlinga in einer Pradakshinā aus Licht umkreise.

Zwei- oder dreimal stieg ich auch zum Gipfel des Arunāchala hinauf. Das war mühsam. Es gab nur Ziegenpfade, und das ungeübte Auge verlor oft die Richtung. Man mußte sich den Weg durch Dornen und Felsen bahnen, manchmal auf den Knien kriechen. Mein erster Versuch scheiterte: ich verirrte mich, und nach einer Stunde mußte ich nicht ohne Schwierigkeiten wieder herabsteigen. Anderntags nahm ich ein Kind mit, mir den Weg zu zeigen, zumindest bis zur Hälfte – denn dann ist der Gipfel zu sehen, der ruft, und man kann nicht mehr irregehen.

Auf halber Höhe war eine Einsiedelei. Man nannte sie Yelu Sunai, die ‚Sieben Quellen‘. Tatsächlich sind nahebei sieben natürliche Brunnen in Felsenhöhlungen, und drei oder vier davon geben das ganze Jahr ausgezeichnetes Wasser. Unweit zwei oder drei Grotten, die gelegentlich von Sādhus bewohnt werden. Deren letzter, ein Ceylonese, hatte sogar aus Ziegeln und trockenen Steinen einen Schutz gegen den Wind, der hier oben kräftig bläst, aufgeführt. Gegenüber in der Tiefe erkennt man die Stadt Tiruvannāmalai, die sich um den Tempel, die Wohnung ihres Herrn Shiva Arunāchala, drängt.

Die Geräusche der Stadt tönten nur von fern und undeutlich herüber. Aus meinem Herzen stieg wie ein stechender Schmerz ein oft gesungener Vers auf:

„Haec requies mea in saeculum saeculi:
hic habitabo quoniam elegi eam."[4]

Doch um hier ständig sich aufzuhalten, müßte man die Bedürfnisse des Leibes völlig unterworfen haben. Ich hatte sagen hören, daß jener Ceylonese jeden Morgen hinabstieg, um in der Stadt seine Bhikshā zu erbitten. Doch zwei Stunden schwieriger Weg, um wieder hier heraufzusteigen, Tag für Tag, das ging über meine Kräfte; und dann: wozu eine solche Einsamkeit suchen, wenn man sie jeden Tag verlassen muß? Wollte man aber Vorräte heraufbringen, so ergäben sich daraus noch mehr Probleme ...

Rufe wie die vom Tempel in Turinjal, die von Gangotrī, vom Kedārnāth, die der Mensch aus Mangel an Mut oder Freiheit unbeantwortet läßt, die aber doch einen solchen Widerhall finden, daß er hinkünftig nirgendwo in der Welt der Māyā noch zufrieden und daheim sein kann. Ein wenig wie das Ideal, das von dem jungen Venkatarāman in der Krypta des Pātālalinga geschaut worden war, oder von Sadāshiva Brāhman, dem nackten und stummen Bettler an den Ufern der Kaveri. Das durchbohrt dir das Herz und befreit die geheimsten Archetypen, die du auf dem Grund deiner Psyche verborgen trägst. Unter diesem Mythos wird dich von nun an der Ruf deines wahren Seins unablässig beunruhigen. Ach, wer wagt es, sein überzeitliches Geheimnis anzunehmen? Immer ist der Geist da, der in seiner vernünftelnden, egoistischen Weise diskutiert, abwägt, und schließlich entgleiten läßt, was der GEIST schenkt – der Geist, der, um wirksam zu sein, in seiner Absolutheit angenommen werden muß ... „Das Himmelreich leidet Gewalt", hat uns das Evangelium gesagt (Mt 11,12). Niemals wird es erlangen, wer nicht auf alles verzichtet hat, und wer sich scheut, sein Leben daranzugeben!

---

[4] Ps 132(131), 14.

Von der Einsiedelei der ‚Sieben Quellen' Arunāchalas geht es eine Stunde weiter bis zum Gipfel des Berges, auf einem noch rauheren Weg. Wenn du unglücklicherweise nicht sehr früh des Morgens aufgebrochen bist, macht die Sonne, die von 10 Uhr ab erbarmungslos vom Himmel herabbrennt, aus deinem Aufstieg wahrhaft eine Buße. Schließlich aber, nach der letzten Biegung des Weges, erreichst du den Gipfel, und du fühlst dich für alles entschädigt, weit über Anstrengung und Mühe hinaus. Ja, woran könnte man überhaupt noch denken, was immer es sei, wenn man *da oben* ist? Da oben ist eine kleine, unregelmäßige Plattform, aus geschwärztem Felsen gebildet, der Stein ist beinahe weich geworden, vollgesogen von dem Öl und der geschmolzenen Butter, die an den Festen der Flamme hier ausgeschüttet werden, Jahr für Jahr, Jahrhunderte hindurch. Zu Füßen der ganze Bergweg, der mit einem Blick überschaut wird. Etwa drei Stunden brauchte es, den Weg um den Berg zurückzulegen, und jetzt wird er in einem Augenblick ganz umfaßt – in der Zeit, in der du dich einmal um dich selber drehst. Im Osten erhebt sich der große Tempel von Annāmalaiyār, im Westen der von Ādī-Annāmalai. Überall erkennt man die Tīrthams und Mandapams, die den Weg säumen. In der Ferne die die Stadt umgebenden Dörfer; die Wege, die sich in alle Himmelsrichtungen verteilen. Am Horizont die Bergkuppen, die im Norden und Osten Burgen und Tempel tragen; die Hügel, die nach Westen hin abschließen. Alles, was vordem auf einem schwierigen Anmarsch einzeln und nacheinander gesehen und erkannt worden war, all das gibt sich jetzt mit einem Schlag ganz mühelos ... Symbol der Erleuchtung: das Vielfältige wiedergefunden in der wesentlichen Einheit.

Einmal, es war im Januar, stieg ich mit Sāmīnāthan hier herauf. Wir waren sehr früh aufgebrochen, aus Furcht vor der Mittagssonne. Aber auf halbem Wege wurden wir von einem dichten, feuchten Nebel überrascht, er ging uns kalt durch und durch. Wir flüchteten uns einen Augenblick in die Grotte der Sieben Quellen; doch auch hier drangen die Nebelschwaden ein, und es war noch kälter als draußen. Wir setzten den Aufstieg fort; von ferne hörten wir, ohne etwas zu sehen, die Geräusche der Stadt; Autohupen, Pfeifen der Züge – Symbol der Einsamkeit des Eremiten, der keinen Teil mehr an der Welt hat, noch die Welt an ihm; und doch von fern her gedämpft die Geräusche dieser Welt, gleichsam ein Anruf zum Gebet und zur Erinnerung ‚in der Tiefe des Grundes‘.

Der Berg war noch vom Nebel bedeckt, als wir den Gipfel erreichten. Dann und wann aber riß ein Windstoß die Wolken auf, und die Lichtung enthüllte für einen Augenblick ein Fleckchen da unten, von der Sonne beschienen.

Und das Mysterium Arunāchalas offenbarte sich wolkenbedeckt in seiner ungeteilten Einsamkeit noch geheimnisvoller als an strahlenden Sonnentagen, wenn rings um den lichtflimmernden Gipfel alles da drunten nur wie die Krone seiner Herrlichkeit erscheint ...

Sobald der Pilger aus der Ferne Arunāchala erblickt, wirft er sich zu Boden, nachdem er zuvor die große Añjali-Gebärde, die gefalteten Hände über den Kopf erhebend, gemacht hat. Dann umwandert er den heiligen Kegel dieses gewaltigen Linga aus Felsgestein, aufs neue sich niederwerfend an jedem Punkt der vier Himmelsrichtungen, stets den Blick dem Berg zugewandt. Dann steigt er hinan, und sobald er den ersehnten Gipfel erreicht hat, ruft sein Herz ihm zu, sich abermals zur Erde zu werfen in endgültiger Anbetung und völliger Selbsthingabe.

Nun aber, *vor* wem sollte er sich niederwerfen? In welche Richtung sollte er die gefalteten Hände erheben? Wohin die sehbegierigen Augen wenden? Wenn der Pol erreicht ist, gibt es dann noch einen Ort, der den Liebenden anzieht? Inmitten des Wolkenschleiers, in welcher Richtung ist dann noch Arunāchala? Und vom Gipfel herab, wenn ihn die Sonne bescheint, ist alles umher nur noch Krone seiner Herrlichkeit, Kundgabe Arunāchalas.

Wer sollte sich dann niederwerfen und vor *wem?*

Für den, der da oben aufrecht steht – *wo* und *wer* ist dann Arunāchala? Wo und wer ist dann er *selbst,* als gesonderter? Ist er wirklich ein *Anderer* im Mysterium des Seins, des einzigen Arunāchala?

So haben es auf verschiedenen Wegen die großen Weisen in ihrem innersten Sein immer wieder entdeckt – die Weisen Indiens, die mit ihrer leuchtenden geistigen Spur seinen Weg durch die Jahrhunderte säumen.

So hatte es in einer blitzhaften, verzehrenden Intuition jener junge Brahmane verstanden, der im Kolleg von Madurai englische Grammatik lernte und den Arunāchala mit unwiderstehlicher Macht entführte, sich selbst entrückt zum Selbst, in der tiefsten Tiefe seiner selbst.

Wo der Rundweg die Stadt verläßt, führt er am Ashram Srī Ramanas vorbei. Wenn ich die Pradakshinā bei Tag machte, trat ich oft ein, um mich eine kurze Zeit beim Samādhi zu sammeln. Und machte ich sie in Vollmondnächten, so begann ich natürlich damit, zumindest für einen Augenblick der Feier der Srī-Olakra-pūjā im Tempel von Mātrubhuteshvar beizuwohnen.

Auf der ersten Hälfte der Strecke gibt es überall Teiche, Votivkapellen, auch Totenkapellen, denn hier am Fuße Arunāchalas werden die Toten verbrannt oder begraben. Mandapams und Teiche sind die bleibenden Zeugen der Frömmigkeit und Freigebigkeit von Fürsten und Reichen, die so für die Pilger sorgten und gleichzeitig den Herrn Arunāchala ehrten. Wenn man Shivas Gläubigen dient, dient man dann nicht Shiva selbst? sagt die tamilische Tradition. Alle Votivkapellen bergen in sich Shivas Stein, Symbol des ungeheuren, nicht von Menschenhänden gemachten Linga, des heiligen Felsens selbst. In jeder Kapelle werden morgens und abends Licht, Blumen und Räucherwerk dargebracht, die rituellen Mantras und Hymnen gesungen. So wird verschwenderisch dem Meister des Alls gehuldigt: Zeichen des unendlichen Rufes, der im Menschenherzen aufsteigt.

Hat man die große Straße nach Chengam verlassen, trifft man zur Rechten mitten im Dschungel auf die Einsiedelei von Kāttu-Shiva, dem ,Shiva des Dschungels‘. Vor vielen Jahren war er nach Tiruvannāmalai gekommen und hatte sich seinen Platz tief im Dschungel gesucht, daher der Beiname. Als sein

Ruf sich verbreitete, hatten Anhänger ihm eine Hütte gebaut, dann ein kleines Häuschen mit einem Keller darunter, in den er sich zur Meditation zurückzog; darum herum eine Dornenhecke wegen der Panther, dann auch einen Brunnen und einen Wasserbehälter; schließlich einen befahrbaren Weg, um die Straße zu erreichen. Viele Leute wünschten ihn zu sehen; besonders am ersten Tag des tamilischen Monats war es eine ganze Reihe von Ochsenkarren, die von der Stadt zu ihm hinzog.

Man behauptete, daß seine Nahrung lediglich aus ein wenig geröstetem Reismehl in Milch bestünde. Ich fragte ihn danach: Er sagte weder ja noch nein. Seine Kleidung bestand nur aus dem Stoffstreifen zwischen den Beinen. Er fand, das Sannyāsa-Gewand sei eine Art von ‚schau mich an'. Er verbat sich jedes Zeichen der Verehrung. Am Tor der Einfriedung hatte er eine Tafel angebracht: „Hier wirft man sich nicht nieder." Einige sahen darin eine mögliche ‚Spitze' gegen den anderen Ashram, dessen Ruhm mehr und mehr alles im Umkreis überstrahlte ... Manch einer, ich habe es schon angedeutet, verstand kaum das laisser-faire, das ‚Geschehen-Lassen' Ramanas und mißbilligte es. Der Maharshi hatte schließlich seinen Anteil am Ruhm erhalten – mit allem, was dieser an Behinderungen, Kleinlichkeiten, Eifersüchteleien mit sich brachte. Andere, zu denen der Ruhm nicht oder in geringerem Maß gekommen war, verkündeten, daß sie ihn um keinen Preis wollten.

Wie dem auch sei, die Lehre des ‚Shiva des Dschungels' war rauh wie sein Leben. Er vertrug es schlecht, wenn Menschen in der Erfüllung von Kastenpflichten oder im Ausführen irgendeines Rituals Gefallen fanden. Er tadelte es heftig, heilige Asche auf der Stirn zu tragen, wie überhaupt jedes äußere Zeichen. Ein Professor aus Pondichéry kam eines Tages zu ihm und stellte einige hochspirituelle Fragen. Kattu-Shiva fragte ihn brüsk, wie er seine täglichen Pflichten erfülle; der Pilger ging eilends davon und begab sich zu Ramanas Füßen. Hier wenigstens war er sicher, daß niemand ihm indiskrete Fragen stellen würde.

Unnāmalai Swāmī war ein großer Verehrer Ramanas. Tamilischer Brahmane von hervorragender Bildung, war er wie so viele andere gekommen, um im Ashram des Maharshi Gott zu suchen. Er lebte dort zwei oder drei Jahre. Schwierigkeiten mit einigen der Mitglieder des Ashrams regten in ihm den Gedanken an, sich in die Einsamkeit zurückzuziehen. Ramana billigte seinen Plan und nannte ihm sogar einen der kleinen Tempel des Rundweges als für seine Absicht besonders geeigneten Ort.

Mit dem Segen seines Meisters ging er dorthin. Er richtete sich in der Torhalle des Tempels ein und lebte hier. Um seinen Körper zu erhalten, nahm er täglich, so sagte er mir, fünf „Handvoll Wasser", das er aus dem nahen Teich schöpfte. Die Betrachtung des Berges vor ihm, die Erinnerung an den Maharshi im Innern seines Herzens, ließen ihn alle Bedürfnisse vergessen.

Die Leute drängten ihn unterdessen, daß er ein so strenges Fasten beenden müsse. Vierzehn Monate lang widerstand er. Eines Morgens aber gab er dem besonders beharrlich bittenden Kattu-Shiva nach und nahm einen Schluck Milch. Das war das Ende seiner unbeschränkten Fähigkeit zu fasten. Aufs neue begann der Hunger sich bemerkbar zu machen.

Solange der Maharshi lebte, war der Ashram sehr besucht, und von den Besuchern Sri Ramanas waren viele, die den Pilgerweg um den Berg gingen. Unnāmulai Swāmī war nicht nur wohlbekannt, er war auch sehr feinen Wesens und gewinnend im Gespräch. So hielt man sich gern kurz bei ihm auf; man brachte ihm, was er bedurfte. Das war freilich wenig genug. Auch er begnügte sich mit einem Kaupīnam; und wenn eine mildtätige Seele ihm eine Decke für die Nacht schenkte oder einen Baumwollstreifen, um im Winter sich damit die Schulter zu bedecken, so dankte er dafür herzlich dem Herrn Arunāchala.

Wenn aber sein Komfort zu groß wurde, sorgte die Vorsehung dafür, auch ihm die Anforderungen eines Einsiedlerlebens in Erinnerung zu rufen. Schlimme Buben machten sich seine Abwesenheit zunutze, die Tür aufzubrechen, wenn nötig die Einfassung herauszureißen, und nahmen nach Belieben mit, was sie fanden.

Freilich kamen die Diebe nur in seiner Abwesenheit. Eines Abends saß er meditierend hinten in seiner Kapelle, als er vom Eingang her einen scharfen, ungewohnten Geruch wahrnahm. Er schaute nach, es war ein Panther. Er sagte zu ihm schlicht: „Im Namen meines Meisters Ramana befehle ich dir fortzugehen." Und der Panther entfernte sich.

Seine Seele war sehr sanft zu den Tieren – wie dies ja für alle gilt, die sich aus dem Dschungel der Menschen zurückgezogen haben. Niemals nahm er seine Mahlzeit, wie mager sie auch sein mochte, ohne zuvor hier und dort auf den Vorsprüngen der Tempelwand einen Teil seines Reises hingestreut zu haben – für seine kleinen Brüder, die Vögel und Eichhörnchen.

Jemand, dem man selten nicht begegnete, war ein hochgewachsener Mann mit schönen Bewegungen, struppigen Haaren, einen Stoffetzen achtlos über die Schultern geworfen, in der Hand einen angeschlagenen Napf. Wenn man ihn mit einem ehrfürchtigen Namaskáram grüßen wollte, antwortete er mit einer raschen Geste, ohne stehen zu bleiben. Saß er, wenn man kam am Wegrand, um auszuruhen, so war er schnell aufgestanden und geflüchtet.

Einmal aber kam ich mit ihm ins Gespräch. Das war zu der Zeit, als ich im Skanda-Ashram wohnte. An einem Nachmittag kam er, um den Schatten des großen Mangobaumes zu genießen, unter welchem ich selber saß. Ich hatte die Hymnen von Mānikka Vāsagar in der Hand. Er betrachtete das Buch, und wir sprachen eine Weile über den großen tamilischen Dichter. Er sprach übrigens ein ausgezeichnetes Englisch.

Manchmal zog er sich in die Grotte von Virupaksha zurück. Im Innern sitzend, die Türe geschlossen, in der feuchten und schwülen Atmosphäre ohne Buch im Finstern, blieb er dort stundenlang. Man konnte eintreten, geruhsam die Grotte betrachten, sie wieder verlassen. Kein Wort, nicht die mindeste Geste seinerseits, die anzeigen würde, daß er einen zur Kenntnis genommen habe.

Seinen Namen wußte niemand. Man sagte, seine Familie

lebe in Kātpādi, etwas mehr als 100 km nördlich von Tiruvannāmalai. Von Sundarammāl hatte ich gehört, daß er Vater, Mutter, Brüder, Schwestern, Frau, Kinder und Geld gehabt und alles verlassen habe. Die Seinen hatten sich bemüht, ihn zurückzuholen – vergeblich. Man sagte auch, daß er akademische Grade besitze und an der Universität Madras gelehrt habe.

Ich sprach über ihn mit meinem Freund Kaivalyānanda, als dieser einmal bei meinem Bengali Freund Bose im Mahasthan zu Gast war. Kaivalyānanda war ein angesehener Sannyāsī, auch akademisch gebildet, er ließ es bekannt werden, daß er Philosophieprofessor gewesen war. Jedenfalls war er kultiviert und konnte gelehrt über die großen Themen der indischen Philosophie sprechen. Wir waren einander mehrmals begegnet, und ich hatte ihn in Boses Haus eingeführt, damit er sich von seinen unausgesetzten Wanderungen etwas ausruhen könne und um selber seine Gesellschaft zu genießen. Als ich zu ihm von dem Brahmanenprofessor aus Kātpādi sprach, welcher jetzt als Avadhūta in Tiruvannāmalai lebte, zeigte er sich sehr interessiert, ihn kennenzulernen. Eines Nachmittags erwähnte er gesprächsweise einen struppigen Bettler, der diesen Morgen bei Boses Mutter Bhikshā erbeten hatte. Ich bat Kaivalya um eine genaue Beschreibung und war rasch überzeugt, daß dies kein anderer gewesen sein konnte als der Avadhūta von Virupaksha. Ich sagte dies meinem Freund – und noch heute erinnere ich mich, wie angewidert er auf diese Mitteilung reagierte. Kaivalya hatte wenig übrig für einen Asketismus, der die Grenzen des Anstandes und des guten Geschmacks überschritt – Grenzen, die von jenen, die der Welt in vernünftiger und vornehmer Weise entsagen, eingehalten werden.

Wenn man, zur Stadt zurückkehrend, Dorf und Tempel von Ādī-Annāmalai und dann das nördliche Mandapam hinter sich gelassen hatte, kommt man zum Tempel von Pachammāl – auch er mitten im Wald, wie die Einsiedelei des Shivas des Dschungels. Ramana hatte hier einige Zeit gelebt, im Jahr 1907, als eine Epidemie die meisten Bewohner von Tiruvannāmalai vertrieben hatte. Damals war der Berg noch stark bewaldet, und die Dschungeltiere wagten sich bis an den Rand der Stadt.

Einmal, es war um die Mittagszeit, sagte ein Besucher zu Ramana, er würde gern ein Bad im Tempelteich nehmen. „Nicht jetzt", antwortete Ramana, „warten Sie ein wenig." Der Besucher gab nach, versuchte ein wenig zu ruhen, aber es war so heiß, daß er es bald nicht mehr aushielt und ging, sich ins frische Wasser zu werfen. Kaum war er hingekommen, sah er am andern Ufer zwei Panther, die auch gekommen waren, sich zu erfrischen. Voll Schrecken eilte der Mann zum Tempel.

„Was gibt es?" fragte Ramana ruhig.

„Panther, Panther!" rief der Mann atemlos.

„Sagte ich dir nicht, du sollest um diese Stunde nicht zum Teich gehen?" entgegnete Ramana.

Dann erhob er sich, ging hin, sagte ein paar Worte zu den Tieren, die darauf fügsam in ihr Dickicht zurückkehrten.

Ein andermal geschah es, daß ein Moslem in der Nähe des Tempels einen Affen getötet hatte. Die trauernden Angehörigen brachten den leblosen Körper und legten ihn zu Ramanas Füßen nieder. Ramana tröstete sie; er sagte ihnen, daß der Tod eine unvermeidliche Etappe im Dasein aller Lebewesen sei; daß der, der getötet habe, auch selber sterben werde. Diese Äußerung wurde dem Moslem überbracht. Am andern Tag befiel ihn ein heftiges Fieber, das keiner Arznei und keiner koranischen Beschwörung weichen wollte. Er glaubte sich vom Swāmī verflucht und unmittelbar vor dem Tod, und er schickte Freunde, des Swāmī Verzeihung zu erbitten und als Zeichen seiner Huld ein wenig heilige Asche – ein Sakrileg für einen Sohn des Propheten! Ramana lächelte, nahm von der Feuerstelle ein wenig Asche und schickte dies dem Schuldigen. Einige Tage danach kam dieser selbst, geheilt und reuig, sich zu des Swāmī Füßen niederzuwerfen.

Am Eingang der Stadt, 2 km nordöstlich des Tempels von Annāmalaiyār liegt Īsānya Madam. *Isanya* heißt Shiva als Herr des Nordostens. *Madam,* Sanskrit *maṭha,* bedeutet Kloster; nicht mehr ein Ashram im strengen Wortsinn, wo Schüler sich um den Guru scharen, sondern eine Institution, gegründet und mit Vermögen ausgestattet, damit Mönche sich hier in Frieden der Meditation widmen können. Es gibt in Südindien eine beträchtliche Anzahl solcher Klöster verschiedener Observanz, brahmanisch und nicht-brahmanisch, vedāntin und shaiva-siddhāntin. Einige haben ruhmreiche Tage gesehen. Viele waren oder sind noch Zentren der Erziehung. Manche sind sehr reich, und dann drohen ihnen die gleichen Gefahren wie in anderen Zonen.

Sie sind nur sehr locker organisiert. Man tritt ein, wann man will, sofern man angenommen wird, und man bleibt so lange, wie es einem förderlich erscheint. Wenn die Einsamkeit oder das schweifende Leben rufen, so geht man. Wird die Einsamkeit zu drückend, so kommt man wieder. Jedes Madam ist eingerichtet, eine bestimmte Zahl von Mönchen aufzunehmen – und dieser entsprechend werden die im allgemeinen wenig belastenden Ämter verteilt. Der *mathādhīpati*, der Abt, ist in seinem Haus allmächtiger Herr. Es gibt auch Madams, deren einzige Bestimmung es ist, wandernde Sannyāsīns zu beherbergen und zu verpflegen, gewöhnlich für drei Tage.

Ich ging oft zum Kloster des Nordostens. Hier wurde ich immer herzlich aufgenommen und eingeladen, das Mahl der ‚Gemeinschaft‘ zu teilen. Der Abt Srī Rāmasāmī hatte ein leuchtendes Gesicht. Man fühlte wohl, daß er keineswegs ein einfacher Verwalter war wie so viele andere. Trotz seinen vielen Verpflichtungen pflegte er damals allwöchentlich zwei Tage des Schweigens sich zu reservieren. Einmal sprach ich mit ihm über dieses Schweigen und über die, die es geloben. Gerade damals war in seinem Kloster ein alter tamilischer Mönch, der zehn Jahre in völligem Schweigen zugebracht hatte und den man immer noch den „Muni" nannte.

„Es gibt", sagte mir Rāmasāmī, „drei Arten von Schweigenden. Zunächst jene, die das Schweigen aus Menschenfeindlichkeit beobachten oder zumindest, um sich gegen andere abzuschirmen; solch ein Schweigen ist niemals ganz frei von Egoismus. Dann gibt es diejenigen, die sich durch Gelübde zum Schweigen verpflichten und es willentlich wahren im Hinblick auf ihren geistigen Fortschritt; dieses Schweigen ist lobenswert. Schließlich aber gibt es das wahre Schweigen, nicht mehr auferlegt, sondern unwillkürlich, wenn man so ins Innere versunken ist, daß es gleichsam unmöglich wird, sich dem zu entziehen, um mit der Außenwelt zu sprechen."

Sein Vorgänger Srī Yogamūrti hatte das Schweigen noch mehr geliebt. Er hatte im Klostergarten einen kleinen Pavillon errichtet, wo er allein lebte. Bald genügte auch das ihm nicht mehr; er verzichtete auf sein Amt und zog sich in eine Hütte am Rande eines Dorfes im Salem-Distrikt zurück.

In allen diesen Klöstern führte der ‚Prior', der Assistent, den Titel *chinnasāmī*, „kleiner Swāmī"; ihm oblag es normalerweise, sich um die Einzelheiten des Tageslaufes der Institution zu kümmern. In Īsānya war ich auch mit diesem gut bekannt. Einmal, vor dem Essen, ging ich zu ihm hinaus zu einem der Nebengebäude des Klosters, von wo aus er das Einbringen der Reisernte überwachte. Im Verlauf des Gesprächs stellte ich ihm eine indiskrete Frage:

„Im großen und ganzen, was tun Ihre Mönche, um sich den ganzen Tag beschäftigt zu halten?"

Ich erhielt die Antwort, die meine Taktlosigkeit verdiente. Drei Tamil-Worte, die durch die begleitenden Gesten unterstrichen wurden: „Essen, schlafen, schwatzen."

Rabelais selbst hätte es nicht treffender formulieren können.

Ich war auch zu einem Fest eingeladen, das im Kloster gefeiert wurde. Der Abt eines Klosters in Chidambaram war auf Wallfahrt in Tiruvannāmalai, und in Īsānya wurde er mit größten Ehren empfangen. Das Madam ist neben dem Samādhi des Īsāna Gnana Desikar erbaut – es ist dies ein anderer Heiliger der „Legenda aurea" von Arunāchala; Panther dienten ihm als ständige Begleiter. Mauna, Guru von Chidambaram hatte ihn in das Einsiedlerleben eingeweiht. Der Abt des Klosters von Chidambaram wurde daher im Kloster von Tiruvannāmalai empfangen wie ein „unmittelbarer Vater" – würden die Zisterzienser gesagt haben.

Der Abt von Chidambaram war weit entfernt, Sammlung und innere Schau auszustrahlen wie der von Īsānya, und die wenigen Sätze, die ich aus Höflichkeit mit ihm austauschte, waren banal. Doch er war in Amt und Würden – genügt das nicht, um Ehrenbezeigungen hervorzurufen? Die Gläubigen strömten herbei, warfen sich zu Boden, berührten die gesegneten Füße und erbaten als Hulderweis, daß er selber ihnen die Stirn mit heiliger Asche bezeichne.

Das Refektorium war entsprechend vorbereitet und geschmückt worden. An der Ostwand waren die Āsanas der Äbte aufgestellt: Sitze ohne Füße mit verzierter Rückenlehne. Vor ihnen in zwei parallelen, einander zugewandten Reihen die Āsanas, einfache Binsenmatten, der Sannyāsīs; hinter diesen an den Wänden die Plätze der Laien-Gäste.

Wir traten in langer Reihe ein, setzten uns ein jeder an den angegebenen Platz; die Mönche in langem orangefarbenem Tuch, mit entblößter Schulter, eine Schärpe um die Hüfte gebunden. Novizen begannen, auf unsere Bananenblätter Speisen auszuteilen, jene, aus denen das tamilische Gericht der ,sechs Geschmäcker' besteht: salzig, süß, sauer, bitter, scharf, würzig. Währenddessen gingen andere Novizen die Reihen entlang, machten einem jeden von uns das festliche Sandel-Zeichen auf die Stirn, legten ihm eine Blumengirlande um den Hals, einige Blütenblätter auf den Scheitel.

Als alles bereit war, traten zwei Brahmachārīs in die Mitte des Refektoriums, sangen tamilische Hymnen, warfen sich zu Boden und trugen dann einen Wasserkrug vor die Plätze der Äbte. Das heilige Wasser wurde dargeboten, die Würdenträger wurden feierlich besprengt, dann der Reihe nach die anderen Teilnehmer. Auf die Darbringung des Wassers folgte die des Räucherwerks, dann die Āratī mit der Kampferflamme, welche jede Pūjā beschließt.

Nach diesem Ritus wurde schließlich die Butter über den Reis gegossen. Ein jeder nahm ein wenig Wasser in die hohle Rechte, besprengte sein Essen, das so in den mystischen Kreis einbezogen wurde, schluckte dann das übrige Wasser, um Mund und Magen zu reinigen; sie würden nun in des Herrn

Namen die Nahrung empfangen, welche ihm, dem einzigen Herrn, also dargebracht worden war. Rufe „*OM namaḥ Shivāya*" ertönten, und dann nahm jeder schweigend sein Mahl ein.

Verschiedene Zonen, verschiedene Zeichen. Doch ist nicht überall in der Welt das Leben des Mönches ein ununterbrochenes Ritual?

Doch das Höchste und Herrlichste in Tiruvannāmalai war das Fest der Lichter – das Kārttikī-Thībam. Wer daran nicht teilgenommen hat, kann nicht wirklich verstehen, was die heilige Mūrti Arunāchalas für seine Gläubigen bedeutet. Dieses Fest wird im Herbst gefeiert, am Ende der Regenzeit, wenn der Vollmond im Sternbild der Plejaden oder *Kṛttikā* steht – das ist nach westlicher Rechnung zwischen Mitte November und Mitte Dezember.

Ich habe bereits die purānische Erzählung vom Ursprung Arunāchalas wiedergegeben: als in der Urzeit hier die Lichtsäule erschien und unbeweglich stand

„höher als die höchsten Himmel,
und tiefer als die Abgründe drunten."

Das Zeichen Shivas, der war, bevor irgend etwas da war, und der sein wird, wenn alles zu Ende gegangen ist. Die Säule ist unbeweglich, *acala;* Symbol der Beständigkeit des Seins selbst. Unendliches Feuer: die Flamme, die überallhin ihr Licht ausstrahlt und die auch alles verschlingt, was ihr zu nahe kommt. In Berührung mit dem SEIN – wer würde nicht vom Licht überflutet, vita erat lux (Joh 1,4)? Aber wer vermöchte dann seine winzige, vergängliche Individualität zu bewahren im mächtigen Sturm der Flamme, die unwiderstehlich alles zum SEIN hinzieht?

Aruneya, mit dem ich mich über all dies besprach, sagte:

„Wenn du ein wenig unseren Arunāchala verstehen willst, erinnere dich an deine Bibel, an den brennenden Dornbusch, den Mose sah; an die Blitze, die den Sinai zerrissen; an das verzehrende Feuer, das der Herr im Deuteronomium ist. Erinnere dich an das Symbol des Lichtes, wie es die Propheten Judäas verkündeten und wie es wunderbar wiederaufgenommen wurde vom Apostel Johannes in seinem Evangelium und seiner ‚Offenbarung‘. Versuche dann, dir vorzustellen, was für uns diese Symbole sind, welche seit den vedischen Zeiten, seit Jahrtausenden in der Tiefe unserer Seele wirken. Das war für unsere Rishis Agni, das Opferfeuer – doch ist nicht überhaupt ein jedes Feuer heilig? –, in dem alles verzehrt wird und alles ins Jenseits hinübergeht; das war Sūrya, der leuchtende Sonnenball, der allmorgendlich herrlich aus dem Schoße der Nacht aufsteigt, die Menschen der inneren und äußeren Finsternis entreißt und ihre Blicke auf sich zieht, daß sie seinem Emporsteigen zum Zenit folgen, zu jenem Gipfel des Raumes, der das Zentrum des Herzens versinnbildlicht. Diese Zeichen wurden uns von unseren Schriften überliefert, von den flammenden Gesängen unserer Heiligen. Jedes Geschlecht wiederholte, sang, meditierte diese Strophen und Verse und erfüllte sie immer aufs neue, immer mehr mit Shakti, mystischer Kraft. Verstehe, welche Abgründe in unseren Herzen die heiligen Silben des Namens Arunāchala aufreißen, welche Räume sie erhellen, wenn wir sie hören oder selber mit Liebe aussprechen; und auch den Zauber, den auf uns das Dreieck des Berges ausübt. Vielleicht wirst du dann verstehen, warum so viele Verzichter von einem unwiderstehlichen Ruf hierher gezogen wurden, und was im Herzen des jungen Ramana geschah, als diese Symbole zum ersten Mal an sein Ohr drangen, seine Augen zum ersten Mal den Berg sahen. Verstehe die Verheerungen, die Arunāchala in der Tiefe des Herzens bewirken kann – Shiva, der Gütige, aber nichtsdestoweniger auch Rudra, Bhairava, der Zerstörer, der Verwüster."

Das Thībam- oder Lichter-Fest wird in ganz Südindien gefeiert. An diesem Abend sind die Häuserfronten und Eingänge von unzähligen Öllampen beleuchtet. Aber in Tiruvannāmalai ist unstreitig die herrlichste Feier. Von nah und fern strömen Menschenmengen hierher. Hunderttausende Pilger drängen sich in der Stadt. Überall lassen sie sich nieder, in den Säulenhallen des Tempels, in den Mandapams der Stadt und der Vorstädte; auf den Gehwegen richten sie sich ein, auf Bäumen; irgendwo, wo sie ein paar Stunden zwischen den liturgischen Feiern ausruhen können. Unzählige Sādhus, deren Leben eine Aneinanderreihung von Wallfahrten zu sein scheint, werden in den kleinen und großen Klöstern aufgenommen. Es ist auch ein Fest für die Bettler und Krüppel. Die Straßen der Stadt und die Zufahrtswege werden zu einer wahren *Cour des Miracles*[5]. Straßen und Plätze sind schwarz von Menschen.

Das Fest beginnt neun oder zehn Tage zuvor. Jeden Abend sind feierliche Prozessionen um den Tempel, unabhängig von den üblichen Liturgien und den besonderen Votivriten, die den Tag ausfüllen.

Die abendliche Prozession – oder nächtliche, denn sie endet kaum vor Mitternacht – ist der Höhepunkt des Tages. Sie wird angeführt vom Ganapati, dem Führer der himmlischen Heerscharen. Es folgt Kārttikeya, der Herr der Plejaden, der Murugan oder Subrahmaniyan des Tamil-Landes, wie Ganapati eine Gestalt Shivas und aus ihm hervorgegangen. Dann kommt Sūrya, Zeichen des Lichtes. Dann Umā oder Pārvatī; Shivas Gefährtin, und schließlich auf seinem weißen Stier Shiva Arunāchala oder Annāmalaiyār. Gemäß dem Brauch werden sie auf mächtigen, prächtig verzierten Wagen getragen. Jeden Abend sind es neue Wagen, die einen immer gewaltiger als die anderen. Am eindrucksvollsten sind der riesige, holzgeschnitzte Wagen, über 10 m hoch, auf dem die Statue am dritten Tag des Festes steht, und ganz besonders vielleicht der silberne Stier, auf dem Shiva am fünften Tag reitet.

Man hatte mir ausdrücklich ans Herz gelegt, diese Nacht des silbernen Stiers nicht zu versäumen. Ich war reichlich vor der Zeit erschienen und wartete in der Kapelle von Sundareshwar, über die mein Freund Arunāchala Aiyar, der alte Gefährte Ramanas in der Grotte Virupaksha, die Aufsicht führte. Sāmināthan war an diesem Abend mit mir. Das Mandapam war voller

---

[5] Im Mittelalter ein Platz in Paris (und auch in anderen französischen Städten), wo Bettler, Kranke, Krüppel, Landstreicher sich trafen.

Menschen, die wie wir auf die Stunde der Prozession warteten. Sie stellten mir Fragen, und ich antwortete, so gut ich konnte. Sāmināthan, der kein Tamil verstand, schwieg, die Augen halb geschlossen, im Gebet versunken. Doch ich muß gestehen, daß meine Gesprächspartner tatsächlich viel mehr mit Sāmināthan und seinem Schweigen beschäftigt waren als mit den Antworten, die sie von mir zu erhalten suchten – und vor allem mit dem Geschnatter, mit dem der eine oder andere unserer Gesellschaft das Warten verkürzen wollte. Man sagte mir das auch ...

Unterdessen schmückten die Priester die Mūrtis im Kalyāna Mandapam, der „Hochzeitshalle": goldverzierte Seidenstoffe, Blumen, Juwelen. Am Tempeleingang warteten die Wagen, und auch sie wurden mit Schmuck überhäuft. All dies dauerte sehr, sehr lange. Plötzlich ertönten die Trompeten im inneren Hof, und mächtig hallte das Echo von den hohen Umfassungsmauern. Das dumpfe Geräusch der Trommeln begleitete sie; die hohen Stimmen der Flöten durchstachen den Lärm der Menge. Der Zug der Mūrtis setzte sich in Bewegung. Wenn er durch die Torhallen und Gopurams zog, wurde das Echo, das die Gewölbe zurückwarfen, ohrenbetäubend. Bald erreichte er das Ballala-Gopuram, wo wir waren. Zuerst die Fackelträger, dann die Instrumente, schließlich die Tragsessel auf den nackten Schultern der Priester. Von beiden Seiten drängt die Menge, reckt die Hände, schreit im Überschwang. Die einen zerschlagen Kokosnüsse auf der Erde, andere reichen mit ausgestreckten Armen die Kampferflamme dar, auf vergoldeten Schalen. Die Begeisterung pflanzt sich fort, vervielfältigt sich, weitet sich, unwiderstehlich. Licht, Hitze, Gerüche, Geräusche, Seelen und Leiber gemischt – alles ist nur noch gewaltig zitternde Schwingung der Liebe zu Ehren des Herrn Arunāchala.

Wir folgen dem Zug, durchschreiten die letzte Einfriedung unter dem gewaltigen Gopuram der östlichen Pforte und kommen zu der langen Säulenhalle, die sich im Osten anschließt; da warten die Wagen. Die Mūrtis werden auf die Wagen gehoben, werden abermals und schöner geschmückt – noch mehr

Blumen, noch mehr Juwelen, noch mehr Lichter. Die Menge ist dichter als je. Der Freund, der mich führt, bahnt mir den Weg gerade vor den Wagen Shiva Annāmalaiyārs selbst. Sein Tragsessel wird auf den silbernen Stier gehoben. Ein riesiger Sonnenschirm, der bis an das Gewölbe hinaufreicht, bedeckt ihn. Ein Anhänger hinter dem Wagen trägt einen Dynamo, und Tausende elektrische Lämpchen glühen auf – an dem Tragsessel, dem Reittier, dem Baldachin, an den Juwelen, Seiden, Blumen, die die Statue schmücken. Appusāstrī, dicht neben mir, ruft voll Bewegung mir zu: „Wie könnte man meinen, daß es nicht der Herr selber sei, da auf dem Wagen, der sich von uns anbeten läßt!" Appusāstrī aber war ein alter Schüler Ramanas und Ganapati Munis. Besser als jeder andere hatte er mich über Advaita und Māyā belehrt, über die Welt der Erscheinungen, über die Nicht-Unterscheidung im Schoß des Seins, und wie nichtig es sei, Gott als einen Anderen anzubeten!...

Und dennoch ist all dies immer noch nur Vorbereitung. Endlich kommt der große, der letzte Tag des Festes, der Tag des Darshana des Lichtes. Dieser letzte Tag ist auch ein Fasttag. Die Seele muß ganz frei und losgelöst sein, um die Gnade des Darshanas zu empfangen. An diesem Tag gestattet man sich nicht, zu essen (zumindest die schwere, übliche Nahrung), bevor man nicht am Abend bei Sonnenuntergang das Licht auf dem Gipfel Arunāchalas gesehen hat.

Ich verbrachte diesen Tag in Īsānya Madam, wo bereits seit einigen Tagen ein Generalkapitel der nichtbrahmanischen Klöster von Tamil Nadu stattfand. Es handelte sich anscheinend um eine Art ‚Kongregation der Exemten', um sich gegen die Ein- und Übergriffe der Regierung zu verteidigen. Doch dieser letzte Tag war ausschließlich geistlichen Reden gewidmet. Von 8 Uhr morgens bis 4 Uhr nachmittags wurde der Eifer der Redner, die Flut ihrer Beredsamkeit strömen zu lassen, nur aufgewogen durch die Geduld der Sādhus, die in heiterer Ruhe auf dem Boden sitzend, sie anhörten. Die geistliche Nahrung sollte wohl für die verspätete Mahlzeit entschädigen. Ein wenig nach Mittag verschwand ich diskret, da man mir gesagt hatte, früh in den Tempel zu kommen, wenn ich einen guten Platz finden wollte.

Um 2 Uhr war der innere Hof bereits mehr als zur Hälfte gefüllt. Ich wand mich hindurch bis zu einem Balkon, von dem aus ich die ganzen Zeremonien geruhsam betrachten konnte. Um 4 Uhr mochte man meinen, daß kein Quadratfuß mehr frei sei, aber immer noch strömten Menschen heran. Von meinem Balkon aus sah man nur einen Teppich von Köpfen ungeschützt der erbarmungslos glühenden Sonne ausgesetzt. Um die wartende Menge zu beschäftigen, lösten Redner einander am Mikrophon ab, gerade auf meinem Balkon. Ihr Erfolg war mäßig. Murugan Dās nahm das Mikrophon; er begann zu singen, lud die Menge ein, den Refrain zu wiederholen. Auch das gelang nur halb. Nun stimmte er das große Mantra an: „Ehre sei Shiva!" Alle Münder fielen ein, riefen es mit, die Lautsprecher heulten es, die Umfassungsmauern warfen das Echo zurück. Bald war alles ein einziger Schrei: *„OM namaḥ Śivāya! – OM namaḥ Śivāya!"* In großen Wellen rollte er über den Platz, von allen Seiten stieg er in glühender Inbrunst auf.

Gegen 5 Uhr verstummten Singen und Lärmen. Von der Hochzeitshalle her bewegte sich der Zug: die fünf Mūrtis[6], die, aufs schönste geschmückt und überhäuft mit Blumen, sich unter die Menge mischten, um nun auch ihrerseits das Darshana des Lichtes zu haben. Gegenüber dem Vorhof des Heiligtums erhebt sich eine um 1202 von Mangayakarasi errichtete Säulenhalle – errichtet eben dazu, um die Herren des Tempels bei dieser alljährlichen Begebenheit aufzunehmen. Die Mūrtis werden auf den Schultern der Brahmanen in ihren Tragsesseln durch die Menge getragen. Wenn sie am Ort angekommen sind, wenden die Blicke sich wieder dem Berg zu, Rufe werden wiederum laut.

Die Atmosphäre wird immer gespannter. Jetzt ist die Sonne hinter dem Berg verschwunden, und der wachsende Schatten

---

[6] Ganapati und Subrahmaniyan, Shivas beide Söhne, dann Shivas Reittier, der Stier Nandi, Pārvatī, seine Gefährtin, und schließlich Shiva selbst.

des großen Felsen-Linga breitet sich über das Heiligtum. Es naht die Zeit für die Erscheinung der Flamme. Die Erwartung steigert sich in den Herzen und spiegelt sich auf den Gesichtern; und sie vervielfältigt sich im Rhythmus des Kosmos selbst, der langsam die Mondscheibe über den Horizont emporsteigen läßt und der weiter noch in der Tiefe des Raumes das Sternbild der Plejaden, Krittikā, zur selben Stelle am Firmament führt.

Plötzlich ein Knall, wie ein Kanonenschuß. Junge Brahmanen kommen im Laufschritt aus dem inneren Heiligtum, mit ausgestreckten Armen brennende Fackeln schwingend. Priester bringen den Mūrtis in der Säulenhalle die Āratī-Flamme dar. Aus einem riesigen Bronzegefäß, das voll Öl, Kampfer, geklärter Butter vor dem Altar steht, schlägt eine mächtige Flamme empor.

Und auch auf dem Berggipfel – dorthin waren seit einer Stunde alle Blicke gerichtet, vom Tempel, von der Stadt, von allen Orten der Umgebung her – erhebt sich die heilige Flamme: befreit im Raum und in den Herzen der Gläubigen das Geheimnis des LICHTES, das von Anbeginn sich gleichzeitig offenbart und verbirgt im Mysterium Arunāchalas.

Das ist alles. Die Flamme ist gesehen. Freude und Gnade haben die Herzen erfüllt. Alsbald beginnt die Menge sich zu zerstreuen, doch es wird mehr als zwei Stunden dauern, bis die Tempelhöfe sich wirklich geleert haben. Ein jeder geht an dem Kupferkessel vorbei und wirft seine Gabe an Öl oder Kampfer hinein, daß sie in der Einen Flamme verzehrt werde – Zeichen des eigenen Überganges im Mysterium dieser Flamme.

Die Brahmanen auf dem Berg beginnen auch ihren langen und mühsamen Abstieg. In den ersten Stunden der Morgendämmerung waren sie aufgestiegen, Krüge mit Öl und geklärter Butter tragend. Dem würdigsten unter ihnen war das heilige Feuer anvertraut, das sie in den einzelnen Kapellen des Tempels aufgenommen hatten, um damit – wenn man von ihrem Beobachtungspunkt den Sonnenball im Westen versinken und die Mondscheibe im Osten über dem Horizont aufsteigen sähe – in diesem Augenblick das Thībam-Feuer zu entzünden.

Sobald ich mit der Menge der Gläubigen den Tempelbezirk verlassen hatte, begab ich mich, so wie viele, auf den Rundweg Arunāchalas. Einige Augenblicke verweilte ich in Srī Ramanas Ashram, wo der Ritus der Chakra-Pūjā zu Ende ging – begonnen hatte er unmittelbar nach der Erscheinung der Flamme; in der Nacht ging ich weiter.

Einzelheiten des Berges waren verschwunden. Nur noch die ganz reine Kontur des mystischen Kegels reckte sich in den Himmel. Der Mond, der majestätisch zum Zenit emporstieg, erleuchtete ihn mit silbernem Licht und warf seinen geheimnisvollen Schatten auf alles umher.

Der Berg war nur noch eine riesige Lampe, auf deren Gipfel die Flamme leuchtete.

OM.

Gyansu
6. Oktober 1970

Anhang

I. Der Tempel von Tiruvannāmalai

Im Aruṇācaleśvara-Tempel in Tiruvaṇṇāmalai wird Śiva Lingodbhava als Feuersäule verehrt. Ein Symbol dafür ist ein gewaltiges Feuer, das am Vollmondstag des Monats Kārttika (Oktober/November) auf einem Hügel, von dem man einen herrlichen Blick auf den Tempel mit seinen Tortürmen *(gopura)* hat, entzündet wird und für Wochen die Umgebung erleuchtet.

Der Tempel besteht vor allem aus drei weiten Höfen, von denen jeweils der kleinere innerhalb des größeren liegt. In den vier Himmelsrichtungen stehen Tortürme *(gopura)*. In der späten Coḷa-Zeit und unter den Herrschern von Vijayanagara wuchsen diese Türme gewaltig in die Höhe, so daß das eigentliche Heiligtum winzig erscheint inmitten der es umgebenden Bauwerke. In dieser Zeit entstanden auch die Hundert- und Tausend-Säulen-Hallen, wie hier das unter Kṛṣṇadevarāya errichtete Ayivakkāṇmaṇḍapa mit tausend Säulen. Auch ein großer Lotusteich *(puṣkariṇī)*, wie er ebenfalls in dieser späten Zeit beliebt wurde, ziert den Tempel.

Im 11. Jh. erbaute Vīra Rājendra Coḷa den innersten Torturm, der Papageienturm *(kiḷigopura)* heißt. Drei der Türme des mittleren Hofes errichtete im 14. Jh. der Hoysala-König Ballāla III.; daher wird einer von ihnen in einer Inschrift Vallāgopura genannt. Der hohe Westturm dieses Hofes heißt Melgopura. Der berühmte König Kṛṣṇadevarāya von Vijayanagara ließ den Westturm der äußersten Umwallung aufführen, den Ostturm fügte im 17. Jh. Sevappa Tañjāvūr hinzu. Der Nordturm, der jüngste von allen, schließlich ist das Werk einer reichen Śiva-Verehrerin, Ammaṇiammal, aus dem 18./19. Jh.

Es ist interessant, die Serie der einhundertacht Tanzhaltungen an einem Torturm aus dem 13. Jh., der unter den Coḷas in Cidambaram

165

entstand, mit den entsprechenden Darstellungen am Kṛṣṇadevarāya-
gopura in Tiruvaṇṇāmalai aus dem 16. Jh. zu vergleichen.
(Calembus Sivaramamurti, Direktor des Nationalmuseums in
Delhi, in: *Indien. Kunst und Kultur.* Reihe Ars Antiqua, Serie 2,
Band 1, Freiburg im Breisgau, S. 554.)

II. Glossar wichtiger Sanskrit-Termini

Sanskrit unterscheidet kurze und lange Vokale (a, ā ...), e und o sind
immer lang, und die Diphthonge ai und au werden ihrerseits wie deren Längung behandelt; es gibt vokalisches r und l (ṛ, ṝ, ḷ) neben dem
konsonantischen; es gibt nichtaspirierte und deutlich aspirierte Konsonanten (k, kh ...); es gibt palatale, zerebrale und deutale (c, ṭ, t ...),
auch als Zischlaute (ś, ṣ, s); c wird wie deutsch tsch ausgesprochen, j
wie dsch (ch, jh = c-h, j-h); *anusvāra* (ṁ) ist ein Nasal, der je nach Stel-
lung verschieden ausgesprochen wird (einen der fünf anderen Nasale
– ṅ, ñ, ṇ, n, m – vertretend), *visarga* (ḥ) ein Hauchlaut, der oft aus
einem Konsonanten entsteht oder in einen solchen sich verwandelt (s,
r ...). Die Stammform der Hauptwörter, die normalerweise in den
Wörterbüchern angeführt wird, ist nicht notwendig mit dem Nomina-
tiv identisch – dieser steht hier nur ausnahmsweise in Klammern nach
der Stammform.

abhiṣeka m. – Besprengung, Weihe, insb. Königsweihe (entsprechend
der alttestamentlichen Salbung).

abhi-sic- (Part. Perf. *abhiṣikta*) – besprengen, weihen.

advaita m. – Nicht-Zweiheit („Das Absolute ist nicht zwei"), die
Grundlehre des Vedānta (s. d.).

advaitin – Anhänger des Advaita.

añjali m. – die als Zeichen der Ehrerbietung bzw. zum Gruß zusammengelegten Hände: vor der Brust, vor dem Gesicht oder über den
Kopf erhoben.

Aruṇacala – Berg (*acala*, eigentlich: unbeweglich) der Morgenröte
(*aruṇa*). Heiliger Berg Śivas in Tamil Nadu, an dessen Fuß Tiruvannāmalai liegt.

avadhūta – Part. Perf. von *ava-dhū-*, abschütteln, entfernen: derjenige,
der wirklich auf alles verzichtet hat; eine besondere Stufe hohen
Saṁnyāsas (s. d.).

avatāra m. – „Herabsteigen"; die religiösen Gruppen, die in Viṣṇu den All-Gott sehen *(vaiṣṇava)*, sprechen von zehn Herabstiegen, um die Welt in einem kritischen Augenblick zu retten: so in Gestalt Rāmas und Kṛṣṇas, nach manchen auch Gautama Buddhas; erwartet wird die Wiederkunft als Kalkin, auf weißem Pferd reitender Sieger.

āgama m. – überlieferte Lehre, insbesondere Text aus einer bestimmten Gruppe śivaitischer Schriften.

ānanda m. – Seligkeit (s. *saccidānanda*); ein sehr häufiger zweiter Bestandteil des Namens von Mönchen und Yogins: Abhiṣiktānanda: Seligkeit des „Gesalbten" (d. h. des Christus); Swāmī Paramārūpyānanda: Seligkeit des Höchsten Überförmlichen (d. h. des Heiligen Geistes) – indischer Name Jules Monchanins, mit dem zusammen P. Le Saux den Ashram von Shāntivanam gründete; Swāmī Ajātānanda: Seligkeit des Ungeborenen (d. h. Gott-Vaters) – diesen Namen nahm Abhishiktānandas Schüler Marc Chaduc an.

āsana n. – das Sitzen, vor allem im Yoga bestimmte Körperhaltungen; aber auch das Sitz-Podium, Thron oder Teppich.

āśrama m. – vom Verbum *śram-*, sich bemühen: Lebensstufe (nach dem Idealmodell sollte vor allem der Brahmane deren vier durchlaufen); Einsiedelei, Wohnstatt eines Asketen, und weiterhin Wohn- und Lebensgemeinschaft geistig Strebender.

ātman m. – das „Selbst", innerstes Prinzip der menschlichen Person; ursprünglich Lebenshauch („Atem"); das Wort hat eine stark reflexive Komponente, im Englischen wird es mit *Self* (vgl. die Reflexivform *myself* usw.), im Französischen mit *Soi* wiedergegeben.

ātmaniṣṭha – der, der im Selbst fest gegründet ist.

brahmacārin m. – Brahmanenschüler.

brahmacarya n. – Stand des Brahmanenschülers, Leben in Keuschheit.

bráhman n. – (Nom. *brahma*) – die Wurzel *bṛh* weist auf Stärke, Intensität hin: die Kraft im Opfer; das, was das Opfer zum Opfer macht; in allen Dingen das Wirkliche, Heilige; das Absolute.

Brahmán m. (Nom. *Brahmā*) – personaler Hochgott, meist als Weltschöpfer gedacht – dann oft mit Viṣṇu (dem Erhalter) und Śiva (Zerstörer) die „Dreigestalt", *trimūrti,* bildend.

brāhmaṇá m. – Brahmane, Angehöriger des höchsten, des Priester-Standes.

brāhmaṇa Adj. – zum Brahmanen gehörig; f. *brāhmaṇī* – Brahmanin; n. *brāhmaṇa* – eine Gruppe heiliger Texte, die zur vedischen Offenbarung gezählt werden (s. *veda*).

bhagavant (schwacher Stamm *bhagavat*, Nom *bhagavān*, Vok. *bhaga-van*) – glückselig, herrlich, erhaben, heilig; f. *bhagavatī*.

Bhagavadgītā – „Gesang des Erhabenen Herrn", der vielleicht berühm-teste Text der Hindu-Literatur: die Unterweisung in 18 Gesängen, die Kṛṣṇa, als sein Wagenlenker, dem Arjuna gibt, vor der Schlacht von Kurukṣetra (s. Mahābhārata).

Bhaga ist der Brot- oder Schutzherr (eigentlich „Mitteiler", vgl. den sla-wischen Stamm *bog-* für Gott), *-vant* ist ein die Zugehörigkeit aus-drückendes Suffix.

bhajana n. – vom Verbum *bhaj-*, austeilen, mitteilen; medial: als sein Teil empfangen, erwählen, sich hingeben, verehren; daher: Vereh-rung, besonders aber eine bestimmte Weise des Hymnen-Gesan-ges.

bhakti f. – ursprünglich Teil bzw. Teilung, von daher: Teilhabe, Hin-gabe; bezeichnet besonders die leidenschaftliche religiöse Hingabe.

bhakta – fromm, hingegeben, der liebende Verehrer.

bhikṣā f. – Betteln, das durch Betteln erlangte Almosen.

bhikṣu m. – Bettler, Brahmane im letzten Lebensstadium; die Pāli-Form *bhikkhu*, f. *bhikkhunī* bezeichnet die buddhistischen Mön-che und Nonnen.

cakra n. (m.) – „Rad"; in der mystischen Physiologie des Yoga fein-stoffliche Zentren, in aufsteigender Ordnung an Wirbelsäule und Schädel, die zu bestimmten Nervengeflechten und Drüsen in Bezie-hung gesetzt werden.

Śrī cakra – symbolische Vergegenwärtigung der göttlichen Kraft;

cakra-pūjā – deren liturgische Verehrung (s. pūjā, śakti, śrī).

dakṣina – tüchtig, recht, rechts, südlich (als Bewegung von Sonnenauf-gang her).

Dakṣināmūrti – ein Name Śivas als der, der durch Schweigen lehrt: die Gestalt blickt in gesammelter Ruhe nach Süden (s. *pradakṣiṇā*).

darśana n. – Sehen, Schau; in besonderer Weise der „Anblick" einer Gottheit, eines Weisen, eines heiligen Bildes; wesentlich aber die Begegnung mit der transzendenten Wirklichkeit durch Vermitt-lung einer Gestalt, die unseren Sinnen erscheint – oder auch unse-rem Denken; daher bezeichnet das Wort auch ein philosophisches System (in diesem Sinne sprechen die Hindus von „sechs orthodo-xen Darśanas").

deva m. – „Gott"; vom Verbum *div-*, strahlen; als Substantiv bedeutet *div* Himmel bzw. Tag. Da es viele „himmlische Erscheinungen" gibt, bildet *deva* auch den Plural; f. *devī* – Göttin.

dīpa m. – Lampe, Leuchte (von *dīp-*, flammen, strahlen); daher der tamilische Name des großen Licht-Festes: *Thībam.*

dharma m. – Gesetz, Recht, Ordnung, Sitte, Pflicht; die umfassende Ordnung der Religion; für die Hindus auch die aus dieser sich ergebenden Standespflichten der einzelnen Kasten; für die Buddhisten auch die Lehre, die zur Erkenntnis der Weltordnung und über sie hinaus zur Befreiung führt.

Gaṇapati – Herr, Anführer *(pati)* der himmlischen Scharen *gaṇa)*, oder auch *Gaṇeśá* (*īśa* – Herr; wie *pati* besonders von Śiva gebraucht): in der Mythologie als Sohn Śivas verstanden, in der Kunst elefantenköpfig dargestellt, Patron der Weisheit.

gopura n. – ursprünglich Stadttor (durch das man die Rinder, *go*, in den umfriedeten Platz, *pur* oder *pura*, treibt), dann besonders Tempeltor bzw. Turm über diesem.

Daneben gibt es Türme über der Cella, dem eigentlichen Heiligtum; diese, *vimāna*, werden besonders im nordindischen Stil betont, im südindischen dagegen die Gopuras.

guhā f. – Versteck, Höhle, vor allem geistig verstanden: die Höhle des Herzens.

Guhāntara, der Titel eines unveröffentlichten Manuskriptes Abhishiktānandas: „das Innere *(antara)* der Herzenshöhle".

guru, f. *gurvī* – schwer, groß, würdig; besonders der geistliche Lehrer.

homa m. – Opferguß, rituelle Darbringung; zweifellos verwandt mit *soma*, der mystischen (bis heute nicht eindeutig identifizierten) Pflanze, aus der der Trank des vedischen Opfers gewonnen wurde.

hotar – der vedische Opferpriester.

īśvara – vermögend, mächtig; m.: vorzüglichster *(vara)* Herr *(īśa)*; s. Gaṇeśa bzw. Gaṇapati); gebräuchliche Gottesbezeichnung.

japa m. – Flüstern, gemurmeltes Gebet; vor allem das unablässige Wiederholen eines Gottesnamens, um das Gemüt in diesem geistigen Bezug zu fixieren.

jñāna n. – Erkenntnis; *jñāna-yoga:* der Weg geistiger Verwirklichung durch Erkenntnis, d. h. Unterscheiden und Wahrnehmen (s. *yoga*), nach vielen die unmittelbarste Umsetzung der Lehre des Advaita (s. d.).

Srī Ramana war, wenn man so will, ein *jñānin*, ein „Erkennender". Der Name des Weisen, den Abhishiktānanda als seinen Guru bezeichnet, ist Gnānānanda (s. *ānanda*); vgl. Einleitung.

jyotis n. – Licht.

kavi – klug; m.: Weiser, auch Dichter; *kāvyá* und *kấvya* die Eigenschaften eines Weisen habend.

Hiervon kommt in Tamil *kāvi*, das orangefarbene Gewand der Büßer und Asketen.

kārttika m. – Name eines Herbstmonats; f. *kārttikī* – der Vollmondtag in demselben; der Mond tritt dann in das Sternbild der Plejaden (*kṛttikā* bzw. Pl. *kṛttikāḥ*): der Höhepunkt des Lichtfestes. Mythologisch sind die Plejaden die „Ammen" des Kriegsgottes Skanda (s. d.), der auch *Kārttikeya* heißt.

kevala – ausschließlich, einzig, ganz, vollständig.

kaivalya n. – Ausschließlichkeit, Alleinheit und All-Einheit: das Absolute ohne alle „Beilegungen", *ekam eva advitīyam* – „Eines wahrlich ohne ein Zweites".

Kṛṣṇa – schwarz, dunkel, auch der Name des dunklen Halbmonats (von Vollmond bis Neumond), Name eines Avatārs Viṣṇus – als Kind und Jüngling im Hirtenmilieu von Vrindāban (Uttar Pradesh), als König und Held besonders im Kampf der Pāṇḍavas und der Kauravas; von jenem singen die Purāṇas, von diesem das Mahābhārata (s. d.).

kumbhābhiṣeka – förmliche Einweihung eines Tempels (s. *abhiṣeka*; *kumbha* – Krug, Topf).

liṅga n. – Kennzeichen oder Merkmal, auch Geschlechtszeichen (physiologisch und grammatisch); *liṅga-śarīra* oder *sūkṣma-śarīra* ist der feine Körper im Unterschied zum groben Körper, *sthūla-śarīra*. Das Liṅga als Steinmal findet sich stets in der Cella, im Allerheiligsten eines Śiva-Tempels, Zeichen der göttlichen Gegenwart. Die Kapelle des Pātāla-liṅga (*pātāla* – Schlangenhöhle, Unterwelt, eine Art Hölle) war eine der ersten Zufluchtsstätten des jungen Venkataraman.

līlā f. – Spiel, in den verschiedenen Bedeutungen des Wortes, besonders aber göttliches Spiel, das der Unendliche in der Welt der Erscheinungen spielt.

maharṣi m. – „Großer Weiser", aus *maha* bzw. *mahā-*, groß, und *ṛṣi* – Seher, Sänger, Heiliger, insbesondere jene Geistesmänner der Frühzeit, welche die vedische Offenbarung „schauten".

Mahābhārata – „das große (Epos) (vom Kampf) der Nachkommen des Bharata", dem Vyāsa zugeschrieben, gipfelnd in der Schlacht der Pāṇḍavas und der Kauravas auf dem Felde der Kurus, *kurukṣetra*, nahe dem heutigen Delhi. Vor Beginn dieser Schlacht ist die Bhagavadgītā (s. d., bzw. *bhagavant*) eingefügt. – Das andere große Epos ist das dem Vālmīki zugeschriebene *Rāmāyana*, „Rāmas Lebenslauf", insbesondere die Erzählung von der Entführung und Befreiung seiner Gattin Sītā. Dieses besteht aus 7 Büchern in 24000

Doppelversen, *śloka;* das Mahābhārata gar aus 18 Büchern in ca. 90000 Versen, großteils Ślokas (wenn man die Ergänzung über das Leben Kṛṣṇas nicht mitrechnet: das bei weitem umfangreichste Epos der Weltliteratur).

mahātman m. – (Nom. *mahātmā*) – das Selbst der ganzen Welt oder eine große Seele, als Adj. edel, hochherzig, weise; Ehrentitel, bekannt durch „Mahātmā" Gandhi.

mahāvākya n. – ein großer Satz (phil.), wie *„Brahma aham asmi"* (ich bin Brahman) oder *„Tat tvam asi"* (Das bist du). *Vākya* n. und *vāc* f. – Aussage, Rede, Stimme (vgl. lat. *vox*); personifiziert ist Vāc Sarasvatī, die Gattin Brahmáns (dies ist wiederum auch der Name eines mystischen Flusses).

maṇḍapa m. und n. – Halle, besonders Säulenhalle im oder beim Tempel; Tamil: *mandapam.*

manas n. – das „Mentale"; das Denkorgan und dessen Funktion, insofern diese auch mit Stimmungen, Vorstellungen usw. in Verbindung steht; im Deutschen schwer zu übersetzen, am besten wohl mit „Gemüt".

mantra m. (n.) – Spruch, Gebet; insbesondere kurze Formel, aus den heiligen Texten stammend, Wort heiliger Bedeutung; oft sammelt sich eben hierauf die Meditation.

maṭha m. und *maṭhī* f. – Zelle, Kloster(schule); Tamil: *madam.*

mātṛ oder *mātar* (Nom. *mātā,* Abk. *„mā"*) – Mutter; in Tamil: *amma (ammāl, ammeyār).*

Entsprechend *pitṛ* oder *pitar* (Nom. *pitā*) – Vater; Tamil: *apa.*

māyā f. – Zaubermacht; die Verfassung der Welt, die weder wirklich noch unwirklich ist *sat-asat);* die Māyā hat einen verhüllenden und einen entwerfenden Aspekt.

muni m. – Asket, insbesondere Schweiger.

mauna m. – Stand des Muni, Schweigen.

mūlasthāna n. – das innerste Heiligtum, die Cella eines Tempels; von *mūla* – Wurzel, Ursprung, und *sthāna* – Stehen, Ort.

Eine andere Bezeichnung für die Cella ist *garbhagṛha* n.; von *garbha* – Mutterschoß, und *gṛha* – Haus, Wohnstatt.

mūrti f. – Körper, Gestalt, Bild; vor allem die plastische Darstellung einer Gottheit.

namas m. (Nom. *namaḥ*) – Verbeugung, Verehrung; *om namaḥ Śivāya:* „Om, Verehrung dem Śiva!"

namaskāra m. – Ehrfurchtserweisung; in Tamil n. (von *kṛ-,* machen, tun; s. *nityakarman*).

Naṭarāja – Beiname Śivas (s. d.): „König der Tänzer".

nāṭya – Tanz, Darstellung. Śivas kosmischer Tanz ist ebenso schöpferisch wie zerstörend.

nirvāṇa n. – Erlöschen, Verschwinden. Der Ausdruck ist besonders gebräuchlich im Buddhismus: jene unaussprechliche Wirklichkeit, die als Sein und Erfahrung eins ist – jenseits alles Seienden und jenseits aller sprachlichen Mitteilung;

mahānirvāṇa: das endgültige Eintreten dieser Wirklichkeit – oder in diese Wirklichkeit – mit dem leiblichen Tod.

nityakarman n. (Nom. *-karma*) – ständiger bzw. offizieller Tempelkult, eigentlich Pflicht, notwendiges Geschäft (aus *nitya:* eigen, angehörig, wesentlich, und *karman:* Tat, Werk, Handlung – vom Verbum *kṛ-,* tun, bzw. von *kara,* Hand). Die Lehre vom Karman, d. h. vom inneren Zusammenhang der Werke und ihrer Wirkungen, ist eine der Grundstrukturen der jahrhunderte- und jahrtausendealten indischen Denktradition.

pára oder *paramá* – drückt das Ferne, Äußerste, Höchste, das „Darüber-hinaus" aus: *param jyotis* – höchstes, jenseitiges Licht, *parama Śiva* – Höchster Śiva, *paramahaṁsa* – ehrender Beiname großer Weiser, besonders Rāmakrishnas; *haṁsa* – Gans, Schwan, Flamingo, ist zugleich ein mythisches Bild: ein Wundervogel, der, wenn ihm eine Schale Milch mit Wasser gemischt vorgesetzt wird, jene trinkt und dieses zurückläßt – und so scheidet der Erkennende, der ans Ziel gelangte Yogin durch bloßes Hinschauen das Wesentliche vom Unwesentlichen, das Wirkliche vom Unwirklichen, das Unvergängliche vom Vergänglichen.

Pārvatī – von *parvata* – Berg, Felsen: die „Bergtochter", die an Śivas Seite thront, vor allem auf dem Kailāsa im Himalaya. – Andere Namen der Göttin, der weiblichen Entsprechung Śivas sind *Durgā,* die „Unzugängliche", „Gefährliche", und *Kālī,* die „Schwarze", „Finstere".

pradakṣiṇā f. – (von *pra-,* vorwärts, und *dakṣiṇā,* Adv. zu *dakṣiṇa,* s. d.) Umwandeln eines Heiligtums, einer Mūrti (s. d.), eines verehrten Menschen in Richtung der Sonne, d. h. vom Osten nach Süden, den Gegenstand der Verehrung immer zur Rechten behaltend.

prasāda m. – Reinheit, Milde, Gnade; rituelle Gabe, die den Gläubigen wiederum zurückgereicht wird; jedes Geschenk eines „Heiligen" (in Tamil n.).

prārabdha – Part. Perf. von *prā-rabh-,* anfassen, unternehmen; in spezieller Bedeutung: die aus dem vorausgegangenen Karman sich ergebende Lebenssituation und -aufgabe.

172

purāṇa n. – eine Klasse heiliger Texte; trotz ihres Namens *purāṇa* – vormals, früher, aus alter Zeit – werden sie für wesentlich später gehalten als die vedischen Texte.

puruṣa m. – Mensch, Mann; der ursprüngliche, kosmische und ewige Mensch. Nach R̥gveda X, 90 geht aus seiner Opferung das All hervor; oft wird er als das geistige Prinzip im Menschen (der „Puruṣa im Herzen") mit dem „Selbst" identifiziert (s. *ātman*) und der *prakṛti*, der Allnatur, gegenübergestellt.

pūjā f. – Verehrung, Anbetung; besonders liturgische Darbringung vor der Statue oder anderen Vergegenwärtigung einer Gottheit.

r̥ṣi m. – Seher der Frühzeit, s. Maharṣi.

Rāma – König und Held des Epos Rāmāyana; ein Avatār (s. d.) Viṣṇus, dem „Herabstieg" als Kr̥ṣṇa vorausgehend.

Rudra – Name eines vedischen Sturmgottes, später mit Śiva identifiziert.

śakti f. – Kraft, vor allem göttliche Kraft (vgl. *dýnamis* und *enérgeia* im griechischen und christlichen Kontext); oft in einem weiblichen Prinzip personifiziert als die Immanenz göttlichen Wirkens in der Welt. Im tantrischen Yoga (*tantra:* bestimmte Gattung magisch-mystischer Schriften) geht es um die Erweckung der in der *kuṇḍalinī* schlummernden kosmischen Energie; diese soll durch die Cakras (s. d.) heraufgeführt werden bis zum „tausendblättrigen Lotus" *(sahasrāra)* des Scheitels, bis zur Vereinigung der Śakti mit Śiva.

Śaṁkara – wörtlich: heilbringend (von *śam,* indecl. – wohl, heil), Beiname Rudra-Śivas, Name des berühmten Lehrers des Advaita (s. d.), auch Śaṁkarācārya, „Meister Śaṁkara", soll im 8./9. Jh. gelebt haben.

śānti f. – Frieden. – Der christliche Ashram an der Kaveri, Shāntivanam heißt „Wald des Friedens".

Śiva – freundlich, hold, heilsam; soll zunächst euphemistischer Beiname des Rudra (s. d.) gewesen sein. Name des Gottes, der von seinen Anhängern *(śaiva)* als der Höchste, als der Absolute verehrt wird. Die Rivalität der hohen Götter (die sich ja auch in dem Mythos von der Entstehung Arunāchalas spiegelt) hat man später durch das Konzept der *trimūrti* ausgleichen wollen. Namen bezeichnen bestimmte Aspekte des Absoluten – so mag es sinnvoll sein, „Brahmán" in besonderer Weise den Brahmanen, „Viṣṇu" den Königen, „Śiva" den Asketen und Yogins zuzuordnen. Immer aber geht es nicht um ein harmonisierendes System, sondern um die Erfahrung des Absoluten. Der, der in erhabener Ruhe die Wesenlosigkeit der Erscheinungen durchschaut, ist zugleich auch der, der die

173

Voraussetzungen für neue Erscheinungen schafft. Śivas Tanz ist kosmisches Spiel (s. *līlā*). Und die schöpferische Glut ist zugleich die Kraft, welche als Askese die Erscheinungswelt übersteigt und vernichtet (s. *tapas*). Śiva ist Naṭarāja und Mahāyogin.

śrī (Nom. *śrīs*) f. – Pracht, Schönheit; personifiziert als Göttin des Glücks und der Herrschaft, zumeist dann = Lakṣmī, Viṣṇus Gattin. Oft wird dieses Wort als Ehrentitel dem Namen eines ausgezeichneten Menschen vorangestellt (z. B. Srī Ramana), es wird aber auch allgemeiner gebraucht, wie das deutsche „Herr" (vgl. die Beziehung „Herr" – „Herrlichkeit").

saccidānanda – Verbindung von *sat* – Sein, *cit* – Bewußtheit, *ānanda* – Seligkeit: häufige Bezeichnung des Absoluten. Es wird gesagt, daß alles bedingt Seiende teilhabe an *sat*, nur die geistbegabten Wesen haben teil auch an *cit*, doch *ānanda* habe das Absolute überhaupt nicht mitgeteilt; wo immer also Ānanda aufleuchtet, ist Gegenwart des Absoluten. Daher die vielen Swāmī-Namen, die mit diesem Wort gebildet sind (s. *ānanda*). Der Ashram von Shāntivanam ist dem Absoluten als Saccidānanda geweiht.

samādhi m. – das Erreichen des Endzustandes, die höchste Stufe der Kontemplation (so z. B. als Ziel des achtgliedrigen Yoga-Weges nach dem *Yoga-sūtra* des Patañjali); von daher dann auch der leibliche Tod und das Gedenk-Mal des Dahingegangenen.

saṁnyāsa m. – Entsagung, Verzicht, vierte Lebensstufe eines Brahmanen; Leben als *saṁnyāsin*, als „Verzichter", als Wandermönch.

sādhana n. – die Arbeit, in jeder Hinsicht, die zum Ziel kommt, insbesondere die methodische geistliche Übung (im modernen Sprachgebrauch: sādhanā f.).

sādhu m., f. *sādhvī* – ein rechter, ein guter Mensch; insbesondere ein Gottgeweihter, Wandermönch, Asket und Bettler.

siddhi f. und *siddha* n. – ans Ziel gelangen (dies ist die Bedeutung der Verben *sādh-* und *sidh-*), Zaubermacht bzw. Machterweis, außerordentliche, paranormale Fähigkeit; m. *siddha:* ein Mensch, der solche Fähigkeiten besitzt, oder ein Vollendeter.

siddhānta – letztes Ziel, endgültiger Satz (*anta* – Ende, vgl. *vedānta*); *Śaivasiddhānta:* eine śivaitische Schule und Frömmigkeitsrichtung in Südindien.

Skanda – wörtlich: „Springer" (von *skand-*, springen, spritzen), Name des Kriegsgottes und Sohnes Śivas; wird unter verschiedenen Namen verehrt (vgl. Kārttikeya). Im Skanda-Ashram lebte Srī Ramana von 1914 bis 1922.

svāmin m. – Eigentümer, Herr; Bezeichnung eines hervorragen-
den Weisen oder Gottesmannes. Wenn kein Name folgt, wird die
Form Swāmī-jī gebraucht, besonders in der Anrede. Tamil-Form:
sāmī.

tapas n. – Wärme, Glut; schöpferische ebenso wie asketische Kraft; im
heutigen Sprachgebrauch vor allem die asketische Übung.

upaniṣad f. – von *upa-ni-sad-*, um (den Meister) herum niedersitzen:
Gruppe von Texten, die als Offenbarungsschriften angesehen werden, s. *veda, vedānta*.

veda m. – Wissen, genauerhin die Offenbarung überzeitlicher Wahrheit. Die hierzu gerechneten Texte werden in vielfältiger, sehr genauer Weise geordnet, von den Hymnen der Frühzeit bis zu den
mystischen Geheimlehren der Upaniṣaden. Neben der Offenbarung (*śruti*, das Gehörte) gibt es die Überlieferung (*smṛti*, das Erinnerte – z. B. die Shāstras).

vedānta m. – Ende (*anta*) des Veda: die letzte Textgruppe, die Upani-
ṣhaden, und die auf diesen aufbauende Lehre; diese wird zugleich
als die innere Wahrheit, als das Ziel (*anta* im Sinne von griech. *té-
los*) der gesamten Offenbarung angesehen. Sehr oft werden Vedānta
und Advaita (s. d.) nahezu identifiziert.

videhamukti f. – Befreiung (*mukti*), den Körper (*deha*) übersteigend
oder zerstörend (*vi-*), d. h. im Augenblick des leiblichen Todes, im
Unterschied zur *jīvanmukti*, Befreiung bei Lebzeiten. – *Mukti* oder
mokṣa ist die höchste Verwirklichung des Selbst in seiner ganzen
Freiheit und Unvergänglichkeit.

Viṣṇu – s. *Brahmán* und Śiva.

yajña m. – Verehrung, Gottesdienst in jeder Form, besonders aber ri-
tuelles Opfer.

yoga m. – vom Verbum *yuj-*, anjochen, und mit dem deutschen Wort
„Joch" urverwandt: die methodische geistig-geistliche Übung mit
dem Ziel der Verwirklichung des Selbst. Von daher dann einerseits
auch ein philosophisches System, das von solcher Übung ausgeht
(einer der „sechs orthodoxen Darśanas", s. d.), anderseits gewisse
körperliche Übungen, die den eigentlichen Weg vorbereiten und
unterstützen (z. B. Āsanas, s. d.). Die einleuchtendste Einteilung der
verschiedenen Wege und Praktiken ist die, welche sich auf die
grundlegenden menschlichen Begabungen und Typen bezieht: Yoga
der Erkenntnis *jñāna-yoga*), der Hingabe (*bhakti-yoga*), des Werkes
(*karma-yoga*), dazu *rāja-yoga* als die Meisterung okkulter Kräfte, Arbeit unmittelbar im feinstofflichen Bereich.

yogin (Nom. *yogī*) – ein im Yoga Übender, Erfahrener, Ans-Ziel-Gelangter.

yuga n. (m.) – Joch, Paar, Zeitabschnitt, eine Generation und ihre Lebensdauer, besonders aber die vier Weltalter (die ihrerseits in größere Perioden zusammengefaßt werden): *kṛta-yuga, tretā-yuga, dvāpara-yuga* und *kali-yuga,* von immer kürzerer Dauer und von immer schlechterer Qualität (vgl. Hesiods Goldenes, Silbernes, Ehernes und Eisernes Zeitalter). Nach dem Ende des schlechtesten wird nicht ein langsamer Wiederanstieg, sondern ein Neubeginn „von oben" erwartet.

Nachwort des Übersetzers

Als ich vor einigen Jahren jungen Freunden eine Bücherliste zusammenstellen sollte, standen obenan die „Aufrichtigen Erzählungen eines russischen Pilgers", gefolgt von Heinrich Zimmers Buch über Srī Ramana Maharshi und Swāmī Abhishiktānandas „Souvenirs d'Arunāchala".

Die Lehre, besser: das Erfahrungszeugnis, vom inneren Gebet und die Lehre bzw. das Erfahrungszeugnis von der Vernichtung des „Ich": zwei unendliche Vorgänge. Vorgänge, die ins Unendliche weisen, und Weisen, wie das Unendliche in das Endliche eintritt und dieses in jenes verschlungen wird. „Tod, wo ist dein Stachel ..." (1 Kor 15,55).

Das unablässige Gebet, das Herzens- oder Jesus-Gebet, ist der innerste Kern des Christentums seit frühesten Zeiten – nicht nur von den Wüstenvätern, sondern von der apostolischen Urgemeinde her. Es kann verdunkelt werden – und so ist es im Verlauf der Geschichte geschehen –, doch es gibt keine „geschichtliche Veränderung": nicht mehr in diesem Bereich.

In dem Maße, als das Abendland sich von diesem Kern, dieser geistlichen, immer sprudelnden Quelle entfernte, hat es ausgegriffen in die Weite: Vor- und außerchristliche Kulturen traten ins Blickfeld, wurden „erschlossen" – und zerstört. Zerstört in dem Maße, als sie sich aus dem festen Rahmen ihrer rituellen, intellektuellen und sozialen Ordnungen lösten, um ihrerseits lebenspendende und heilende Kräfte den Zerstörern mitzuteilen. Dies also ist der Bereich der Veränderungen, der Bereich der geschichtlichen Stunde.

Srī Ramana ist wie kein anderer nicht nur Beispiel, sondern

Kulminationspunkt, gesammelte Wirklichkeit dieses Geschehens. Er besucht eine westliche Schule, lernt, was Missionare und Kolonialbehörden für zweckmäßig halten – nichts von der jahrtausendealten heiligen Überlieferung seiner Heimat. Und *ohne* alle diese Stützen, Zubereitungen und Prägungen wird ihm die zentrale Erfahrung dieser Überlieferung zuteil; die innerste Intuition, ganz rein und nackt, ohne Guru, ohne Lehrer. Und so, gerade so wird er selber zum Lehrer, ohne zu „lehren".

So begegnen ihm Europäer – oder vermeiden sie die Begegnung. Der *Wissenschaftler* C. G. Jung muß ausführlich erklären, warum er sich berechtigt fühlte, den Maharshi *nicht* zu besuchen. Der *Christ* H. Le Saux fühlt sich nicht bemüßigt zu erklären oder gar zu entschuldigen, *warum* er ihn aufgesucht hatte und warum er so oft wieder an die Stätte jener Erfahrungen zurückgekehrt, in die Atmosphäre jener Erfahrungen eingetaucht ist.

Hier eröffnen sich Perspektiven für das Christentum des dritten Jahrtausends, für das post-moderne Christentum. Vielleicht ist es alles andere als zufällig, daß gerade in Indien eine christliche Überlieferung lebt, die auf apostolische Zeit zurückgeht. Zwei Jahrtausende wurden durch die Mission des Paulus beherrscht, und das Werk des Thomas blieb im Schatten. *Jetzt* scheint seine Zeit gekommen.

Der Glaube der neuen Zeit will sich auf Erfahrung gründen, wie er seinerseits immer wieder zu Erfahrung, zu Wahrnehmung hinführt. Wir müssen lernen, uns nicht mehr in Alternativen, in Antithesen (Glauben – Wissen) zu fangen. Wie im Webstuhl das Schiffchen hin und her fährt zwischen Kette und Einschlag, so müssen wir geistig unablässig miteinander verbinden Verwirklichung des Seins, so wie es ist, und Erfahrung des Handelns Gottes. „Noch ehe Abraham wurde, bin ich", sagte Jesus damals zu denen, die zum Fest heraufgepilgert waren ... (Joh 8,58).

Angesichts der Begegnung des Brahmanen, der das selbstleuchtende Selbst offenbart, mit dem christlichen Pilger, anläßlich der Begegnung dieses Pilgers, der zum Einsiedler wird,

mit dem heiligen Berg Shivas kommt einem das Wort in den
Sinn, das von einer anderen Wendezeit herüberklingt – von
der Zeit, da das alte Rom unterging, um dem „christlichen
Abendland" Raum zu geben:

*Nam res ipsa, quae nunc Christiana religio nuncupatur, erat
et apud antiquos nec defuit ab initio generis humani, quousque
Christus veniret in carne, unde vera religio, quae iam erat, coe-
pit appellari Christiana.*

Denn die Wirklichkeit selbst, die jetzt christliche Religion
heißt, war auch bei den Alten da, und sie fehlte nie von Anfang des Menschengeschlechtes an, bis Christus im Fleische
kam; von da an begann die wahre Religion, die schon da war,
die christliche genannt zu werden.

Augustinus, Retractationes XII

Seiende Wahrheit – und geschichtliches Ereignis von Gott
her; Bekenntnis zu jener Wahrheit in dieser Stunde – und fort-
schreitende Wahr-nehmung des Verkündeten im sich wan-
delnden Sein: So fährt das Weberschiffchen hin und her
zwischen Kette und Einschlag und webt Muster des Geistes,
die nur ER kennt.

Salzburg-Elsbethen, am 23. April 1985,
dem Tag des hl. Georg, Patron der christlichen Ritter
und irdisches Abbild des Erzengels Michael.

Literatur bei Herder

Elie Wiesel
Abenddämmerung in der Ferne
264 Seiten, gebunden. ISBN 3-451-21193-9

José Luis Sampedro
Das etruskische Lächeln
336 Seiten, gebunden. ISBN 3-451-21345-1

Leonid Borodin
Die dritte Wahrheit
192 Seiten, gebunden. ISBN 3-451-21194-7

Li Ping
Zur Stunde des verblassenden Abendrots
192 Seiten, gebunden. ISBN 3-451-21154-8

Marietta Peitz
Andambocham
oder die mühselige Ehre Gottes
240 Seiten, gebunden. ISBN 3-451-21195-5

Xiao Hong
Der Ort des Lebens und des Sterbens
160 Seiten, gebunden. ISBN 3-451-21414-8

Katholische Kindheit
Literarische Zeugnisse
Herausgegeben von Erich Jooß und Werner Ross
192 Seiten, gebunden. ISBN 3-451-20822-9

Mircea Eliade
Hochzeit im Paradies
208 Seiten, gebunden. ISBN 3-451-21413-X

Verlag Herder Freiburg · Basel · Wien

Religiöse Weisheit

Igumen Nikon
*Briefe eines russischen Starzen
an seine geistlichen Kinder*
Mit einem Vorwort von Tatjana Goritschewa
160 Seiten, Paperback. ISBN 3-451-20845-6

Igor Smolitsch
Leben und Lehre der Starzen
Der Weg zum vollkommenen Leben
240 Seiten, gebunden. ISBN 3-451-21162-9

Elie Wiesel
Geschichten gegen die Melancholie
Die Weisheit der chassidischen Meister
4. Auflage, 143 Seiten, Paperback. ISBN 3-451-2040-6

Elie Wiesel
Chassidische Feier
Geschichten und Legenden
264 Seiten, gebunden. ISBN 3-451-21019-3

Idries Shah
*Die fabelhaften Heldentaten des vollendeten Narren
und Meisters Mulla Nasrudin*
3. Auflage, 128 Seiten, Paperback. ISBN 3-451-20169-0

Tausend Tore in die Welt
Märchen als Weggeleit
Herausgegeben von Otto Betz
317 Seiten, gebunden. ISBN 3-451-20509-2

Anthony de Mello
Warum der Vogel singt
Geschichten für das richtige Leben
7. Auflage, 118 Seiten, Paperback. ISBN 3-451-2046-5

Das Glück liegt auf der Hand
ABC der Lebensfreuden
Herausgegeben von Rudolf Walter
3. Auflage, 352 Seiten, gebunden. ISBN 3-451-20170-4

Verlag Herder Freiburg · Basel · Wien